Ce livre est publié par un éditeur indépendant.

L'ARCHE *Éditeur*
86, rue Bonaparte
75006 Paris
newsletter@arche-editeur.com

Plus les écrivains croient à la validité de constructions politiques et les défendent, plus ils se démodent.

Ce n'est pas le cas d'Ödön von Horváth, né en 1901 à Fiume sur la côte adriatique, qui se décrit comme le pur produit de l'empire austro-hongrois. Élevé entre Belgrade, Budapest et Munich, écrivant et pensant en allemand, il est parfaitement placé pour dévisager les maux d'une Europe divisée et agitée sur tous les plans. Or, contrairement à d'autres, il décrit les destins de ses personnages avec une compassion qui les rendent aujourd'hui encore très touchants.

Quelques semaines après le mariage de Figaro et de Suzanne, quelque part en Europe, la révolution éclate. Déjà tangible dans la pièce de Beaumarchais, elle bouleverse ici de fond en comble la vie des protagonistes. Figaro, représentant d'un opportunisme trop humain, sert, après que le vent révolutionnaire s'est calmé, désormais l'État. L'État moderne qui a remplacé le régime des aristocrates, eux-mêmes incapables de s'adapter à leur nouvelle existence d'exilés.

Figaro divorce

ISBN : 978-2-85181-692-4
Titre original :
Figaro lässt sich scheiden

86, rue Bonaparte, 75006 Paris

contact@arche-editeur.com

Conception graphique de la couverture :
Susanne Gerhards

Ödön von Horváth
Figaro divorce

Comédie en trois actes

Texte français de Henri Christophe
et Louis Le Goeffic

L'Arche

La présente édition a vu le jour suite à la mise en scène de *Figaro divorce* par Jacques Lassalle à la Comédie Française en mai 2008, dans la traduction d'Henri Christophe et Louis Le Goeffic.

N.d.E.

La comédie *Figaro divorce* commence quelque temps après *Le Mariage de Figaro* de Beaumarchais. Je me suis autorisé néanmoins à situer l'action à notre époque, car les problèmes de la révolution et de l'émigration sont primo : intemporels, et secundo : particulièrement actuels à notre époque. La révolution dont parle cette comédie n'est donc pas celle de 1789, la grande Révolution française, mais... simplement toute révolution, car tout bouleversement par la force trouve un dénominateur commun dans ce que nous respectons ou méprisons dans notre relation à la notion d'humanité. Dans le *Mariage de Figaro,* la Révolution toute proche jette ses éclairs précurseurs ; dans *Figaro divorce,* il n'y aura probablement pas d'éclairs, car l'humanité ne s'accompagne pas d'orages, elle n'est qu'une faible lumière dans les ténèbres. Espérons tout de même qu'aucune tempête, quelle que soit sa violence, ne pourra l'éteindre.

Ödön von Horváth

Rauck

PERSONNAGES

LE COMTE ALMAVIVA
LA COMTESSE, *sa femme*
FIGARO, *valet de chambre du comte*
SUZANNE, *sa femme, caméristе de la comtesse*
QUATRE DOUANIERS
UN OFFICIER
LE BIJOUTIER
SON COMMIS
UN PROFESSEUR
ADALBERT, *un pâtissier*
JOSÉPHINE, *sa femme*
BASILE, *un boucher*
UNE SAGE-FEMME
LE GARDE FORESTIER
UNE JURISTE, *secrétaire générale au bureau de la Ligue internationale d'aide aux émigrés*
SA SECRÉTAIRE
UNE SERVANTE
ANTONIO, *jardinier du château, oncle de Suzanne*
FANCHETTE, *sa fille*
PÉDRILLE, *ancien palefrenier du comte Almaviva*
UN BRIGADIER
MONSIEUR DE CHÉRUBIN, *ancien page du comte Almaviva*
UN CLIENT
DEUX ENFANTS TROUVÉS, *un plus grand et un plus petit*
UN MÉDECIN
UN COMMISSAIRE

LIEUX

Acte I
1er tableau : En pleine forêt, à la frontière ; 2e tableau : Au poste de douane ; 3e tableau : Chez le bijoutier ; 4e tableau : Dans la station de sports d'hiver.

Acte II
1er tableau : Le salon de coiffure de Figaro à Grand-Bisbille ; 2e tableau : Une pièce meublée ; 3e tableau : Le salon de coiffure de Figaro à Grand-Bisbille ; 4e tableau : La fête de la Saint-Sylvestre à l'Auberge de la Poste à Grand-Bisbille.

Acte III
1er tableau : À la Ligue internationale d'aide aux émigrés ; 2e tableau : Dans l'ancienne propriété du comte Almaviva ; 3e tableau : Dans le cabaret de nuit de Chérubin ; 4e tableau : En pleine forêt, à la frontière ; 5e tableau : Dans l'ancienne propriété du comte Almaviva.

ACTE I

TABLEAU 1

En pleine forêt, à la frontière. Le comte Almaviva, la comtesse, Figaro et Suzanne fuient la révolution. On n'entend que leurs voix, c'est une nuit d'encre.

LA COMTESSE. Où es-tu ?
LE COMTE. Ici.
LA COMTESSE. Je n'y vois goutte.
LE COMTE. C'est la nuit la plus noire de ma vie.
Suzanne pousse un petit cri.
FIGARO. Que se passe-t-il ?
SUZANNE. J'ai posé le pied dans quelque chose de mou.
LA COMTESSE. Pourvu qu'il n'y ait pas de serpents ici –
SUZANNE. Juste ciel !
La lune, blafarde, perce les nuages et l'on découvre les fugitifs.
LE COMTE, *levant ironiquement les yeux.* Nous allons vers la pleine lune.
LA COMTESSE, *regardant autour d'elle.* Les serpents mordent la nuit aussi ?
Suzanne tressaille de peur.
FIGARO. Madame la comtesse, je vous en prie, ne compliquez pas encore la situation. Même sans serpents, elle est assez compliquée comme ça.
LE COMTE. Que Dieu nous préserve.
SUZANNE. Je suis tout égratignée par les buissons.
LA COMTESSE. Et moi, je suis en lambeaux.
Dans le lointain retentit un coup de feu.
SUZANNE, *inquiète.* Qu'est-ce que c'était ?
FIGARO. Un coup de feu. Mais nous sommes sauvés.
LA COMTESSE. Il faut que je m'assoie.

Elle s'assoit sur une racine.

LE COMTE, *lentement et à voix basse à Figaro.* Nous sommes de l'autre côté de la frontière. C'est sûr ?

FIGARO. Monsieur le comte, ici je connais chaque clairière. À gauche le lac, à droite le ravin, là-bas le marais et là notre chère patrie. Le pire est derrière nous !

LE COMTE. Espérons-le ! Depuis vingt-quatre heures, je ne cesse de me demander quel crime j'ai bien pu commettre pour devoir quitter clandestinement le pays de mes pères, tel un misérable brigand qui veut sauver sa peau.

FIGARO. Vous êtes, Votre Excellence excellentissime, le maître héréditaire de vos gens et de la justice. Ne sont-ce pas là assez de crimes ?

Il a un sourire équivoque.

LE COMTE. C'est incroyable tout ce qui s'est passé ces derniers jours. Sa Majesté assassinée, la noblesse chassée, massacrée, les biens volés, les églises détruites, les châteaux pillés – un mitron maréchal, un cordonnier président et un greffier consul à Londres ! Les privilèges abolis, les mêmes droits pour tous, qu'on soit vagabond ou prince : l'égalité des droits. Non, cette entorse au droit ne peut durer, elle offense toute loi divine. Personne n'aurait pu imaginer cela.

FIGARO. Sauf ceux qui ont fait la révolution.

Le comte le regarde avec de grands yeux.

LA COMTESSE, *inquiète.* On vient –

SUZANNE. Où ça ?

Tous tendent l'oreille.

LA COMTESSE, *sans voix.* On nous poursuit.

FIGARO. Il n'y a pas âme qui vive.

LE COMTE. Dans la forêt, la nuit, on entend toujours des pas.

SUZANNE. Surtout en automne, quand les feuilles tombent.

Un silence.

LE COMTE, *tendrement à la comtesse.* Viens, il faut continuer –

LA COMTESSE, *à voix basse.* J'aimerais dormir.

LE COMTE. Ici ? Dans la forêt ?

La comtesse le regarde avec de grands yeux et fredonne un air mélancolique. Le comte se cache les yeux de la main.

FIGARO, *pour égayer l'atmosphère.* Madame la comtesse, un jour j'ai rencontré un gars revenu de la mort, il m'a dit : plutôt gibier pourchassé dans les fourrés qu'empereur enseveli sous la terre. Plutôt sous un ciel de lit que sur un lit de mort. Madame la comtesse, je vous le jure, d'ici une heure au plus tard, nous atteindront le premier village – je le sens, fiez-vous à mon redoutable instinct !

LA COMTESSE, *ne pouvant s'empêcher de sourire légèrement.* Ton instinct, mon ami, soit, mais –

SUZANNE, *la coupant, pour égayer également l'atmosphère.* Oh, madame la comtesse ! Les instincts de Figaro, on ne peut rien leur reprocher ! Tout ce qu'il a prédit arrive et tout ce qui arrive, il l'a prédit.

LE COMTE. Même la révolution ?

FIGARO. Cela n'aurait pas été bien sorcier de la prédire.

LE COMTE, *le fixant.* Pas sorcier.

FIGARO, *esquivant.* Nous étions tous sourds. Ou aveugles.

SUZANNE. Je vois une lumière ! Là-bas !

Tous regardent.

LE COMTE. Je ne vois rien.

LA COMTESSE. Où est mon lorgnon ?

FIGARO. C'est exact, une lumière ! Je la vois parfaitement – sans aucun doute une maison, madame la comtesse !

LA COMTESSE. Si Dieu le veut ! *Elle se lève.* J'ai l'impression d'être en enfer et l'enfer n'est que forêts –

TABLEAU 2

Quatre heures plus tard. Il fait toujours nuit. Au poste de douane à un kilomètre et demi de la révolution. Un local administratif, occupé par un bureau, une armoire, un lit en fer et d'autres choses du même genre. Quatre douaniers sont de service. Le premier, le plus âgé, est assis au bureau et lit le journal. Le deuxième joue aux échecs avec le troisième, et le quatrième, allongé sur le lit en fer, rêvasse en fumant.

LE PREMIER DOUANIER. On nous envoie du renfort. *Lisant.* À la suite des événements sanglants et confus survenus sur le territoire de nos voisins, par décision du ministère royal de la Guerre en accord avec le ministère royal des Affaires intérieures, l'armée renforcera les douaniers pour empêcher durablement, d'une part, l'intrusion dans notre pays d'éléments indésirables, d'autre part, la propagation des idées fallacieuses de la révolution – *Levant les yeux de son journal.* Empêcher, un vœu pieu, car j'ai peur qu'on ne puisse pas arrêter des événements historiques élémentaires de portée forcément universelle –
Il a un sourire entendu.

LE DEUXIÈME DOUANIER. Si je me mets là, il se mettra ici, si je me mets ici, il se mettra là. Échec ! *Le troisième s'empare d'une pièce.* Bon sang ! J'ai complètement oublié le roi.

LE TROISIÈME DOUANIER. Si tu as oublié le roi, tu as tout oublié.

LE PREMIER DOUANIER. Voici justement un récit très intéressant d'un témoin oculaire de l'assassinat du roi – *Lisant.* Il est mort en roi ! Quelles foutaises ! Comment un roi peut-il mourir autrement qu'en roi, puisqu'il est roi !
Il regarde autour de lui, en quête d'approbation ; aucune réaction.

LE TROISIÈME DOUANIER. Échec au roi !

LE QUATRIÈME DOUANIER, *soudain au premier.* Tu connais Kitty ?

LE PREMIER DOUANIER, *interloqué.* Qui c'est, Kitty ?

LE QUATRIÈME DOUANIER. Si tu ne la connais pas, c'est sans intérêt. Elle est serveuse à l'Homme sauvage.

LE PREMIER DOUANIER. Je ne te comprends pas. Écoute, à un kilomètre et demi de chez nous se déroule un des événements les plus importants de l'histoire de l'homme, l'ouragan de la révolution balaie des siècles, et toi, tu me demandes si je connais Kitty !

LE QUATRIÈME DOUANIER. Je suis douanier, je ne m'occupe pas de politique.

LE PREMIER DOUANIER. Les révolutions, ça n'est pas de la politique, mais de l'histoire.

LE QUATRIÈME DOUANIER, *taquinant le premier.* Tu ne connais donc pas Kitty ?

LE PREMIER DOUANIER, *s'emportant.* Je t'en prie, fiche-moi la paix !

Un silence.

LE QUATRIÈME DOUANIER. Kitty a les jambes les plus longues de la terre.

LE DEUXIÈME DOUANIER. Et les plus longues oreilles.

LE TROISIÈME DOUANIER. Mat.

LE DEUXIÈME DOUANIER, *bondissant.* Bon sang !

LE PREMIER DOUANIER. Je ne vous comprends vraiment pas, les gars ! À un kilomètre d'ici –

LE QUATRIÈME DOUANIER, *l'interrompant avec malice.* Un et demi !

LE PREMIER DOUANIER. Je m'en fiche ! Et s'il y avait mille kilomètres, si c'était une autre planète, un monde nouveau est en train de naître pendant que vous êtes là à jouer aux échecs et à vous occuper des longues oreilles d'une serveuse.

L'officier entre. Les quatre douaniers se lèvent d'un bond et saluent. L'officier ôte son manteau et ses gants.

L'OFFICIER, *s'asseyant au bureau*. Du nouveau ?

LE PREMIER DOUANIER. Rien à signaler, mon lieutenant.

L'OFFICIER, *signant des papiers*. La populace a encore tiré là-bas ?

LE PREMIER DOUANIER. Des tirs de joie, mon lieutenant.

L'OFFICIER. Quand il y a de la joie, souvent il y a des cadavres. Les cannibales ! À part ça ?

LE PREMIER DOUANIER. Une arrestation, mon lieutenant. Quatre personnes.

L'officier, surpris, dresse l'oreille.

LE DEUXIÈME DOUANIER. Pendant la patrouille, j'ai rencontré des énergumènes, près du ravin. Deux hommes et deux femmes.

L'OFFICIER. Des réfugiés ?

LE DEUXIÈME DOUANIER. Soi-disant. Ils s'étaient égarés et tournaient en rond. La femme la plus âgée n'en pouvait plus.

LE TROISIÈME DOUANIER. Elle était à bout.

LE DEUXIÈME DOUANIER. Ils n'avaient pas de papiers sur eux.

LE PREMIER DOUANIER. L'un des hommes s'est montré particulièrement récalcitrant lors de l'arrestation. Nous avons donc procédé à une fouille et trouvé sur la personne de la femme soi-disant à bout ces perles –

Il remet une cassette à l'officier.

L'OFFICIER, *l'ouvrant*. Ouille ! *Regardant longuement le collier de perles*. Si ce n'est pas du toc, vous avez arrêté de vrais aristocrates.

LE DEUXIÈME DOUANIER. Ou des voleurs !

LE TROISIÈME DOUANIER. Sans papiers, il est difficile de faire la différence.

Le premier douanier a un rire bref.

L'OFFICIER, *dressant l'oreille*. Qu'est-ce que ça veut dire ?

Le premier douanier se met au garde-à-vous.

L'OFFICIER, *le fixe, hurlant.* Silence ! *Un silence. Au premier douanier, à voix presque basse.* Fais-les entrer. Tous les quatre.

LE PREMIER DOUANIER. À vos ordres !

Il entre dans le cachot.

L'OFFICIER. Lequel d'entre vous connaît Kitty ?

LE QUATRIÈME DOUANIER. Qui c'est, Kitty, mon lieutenant ?

L'OFFICIER. Kitty va avoir un enfant. Elle prétend que le père est douanier, mais elle ne sait plus lequel. Prenez garde, messieurs ! Il faut mettre bon ordre à cette affaire ! *Désignant le deuxième douanier et le troisième.* D'une façon ou d'une autre. *Désignant le quatrième.* Ou encore d'une autre.

Le premier douanier entre avec le comte et Figaro.

L'OFFICIER, *au premier douanier.* Et les deux femmes ?

LE COMTE. Ma femme s'est effondrée.

L'OFFICIER, *déconcerté, regarde autour de lui.* Hum. *Au premier douanier.* Et l'autre ?

FIGARO, *devançant le premier douanier.* L'autre est restée dans la cellule, pour soigner la comtesse qui est malade.

L'OFFICIER, *de nouveau déconcerté.* La comtesse ?

LE PREMIER DOUANIER. J'ai l'impression qu'elle ne fait pas semblant, mon lieutenant. Elle est couchée par terre et ne bouge pas.

L'OFFICIER. Appelle un médecin.

LE PREMIER DOUANIER. À vos ordres !

Il sort.

LE COMTE, *d'un ton ironique à l'officier.* Je vous remercie, monsieur.

L'OFFICIER, *au comte.* Approchez. *Le comte approche.* Votre nom ?

LE COMTE. Comte Almaviva.

L'OFFICIER. Profession ?

LE COMTE. Grand corrégidor et agent diplomatique au service de mon malheureux roi. Consul à Londres, à Lisbonne et à Rome.

L'OFFICIER. Je vous en prie, asseyez-vous. *Le comte ne bouge pas. Désignant un fauteuil.* Je vous en prie –

LE COMTE, *restant debout.* Je proteste. Je sors d'un enfer, je remercie le ciel de m'avoir sauvé, et voilà qu'on me traite en criminel.

L'OFFICIER. Vous avez franchi sans papiers et sans autorisation notre frontière hermétiquement fermée, je me vois donc dans l'obligation d'entamer une procédure administrative. S'il s'avère que ce passage illégal constitue un acte de légitime défense caractérisé, vous n'aurez rien à craindre.

LE COMTE. On m'aurait massacré.

L'OFFICIER. J'en suis convaincu.

LE COMTE. Chez nous, c'est la bête qui gouverne.

L'OFFICIER. Des cannibales.

LE COMTE, *s'inclinant légèrement.* En ce qui concerne mes papiers, je vous demanderais d'observer que j'ai l'honneur et le plaisir de compter au nombre de mes rares amis votre sous-secrétaire d'État. Je le connais depuis Londres où il était attaché commercial. Il pourra attester de mon identité.

L'OFFICIER. Dès l'aube vous aurez l'occasion de vous entretenir par téléphone avec monsieur le sous-secrétaire d'État. Quant à votre épouse, je vais faire le nécessaire pour qu'on la transporte à l'hôpital, dès que le médecin l'aura examinée. Acceptez-vous de vous asseoir à présent ? *Il sourit avec obligeance.*

LE COMTE. Me permettez-vous de me rendre auprès de ma femme ?

L'OFFICIER. Comme il vous plaira, monsieur le comte ! *Le comte s'incline légèrement et entre dans le cachot. À Figaro.* Approchez ! Votre nom ?

FIGARO. Figaro.

L'OFFICIER. Profession ?

FIGARO. Valet de chambre de Son Excellence le comte Almaviva.

L'OFFICIER. Né le ?

FIGARO. Inconnu.

L'OFFICIER. Qu'est-ce à dire ?

FIGARO. Je suis un enfant trouvé.

L'OFFICIER. Votre âge approximatif ?

FIGARO. Aucune idée !

L'OFFICIER. Ce n'est pas possible ! Vous devez bien vous souvenir des quelques dates importantes de votre vie qui vous permettraient de déterminer votre âge !

FIGARO. Si pour déterminer mon âge, je devais me fonder sur les dates importantes de ma vie, j'en déduirais, mais à tort, que j'ai environ trois cents ans – tant j'ai d'événements derrière moi. Les Tziganes m'enlèvent, avant même que je connaisse mes parents, je leur échappe pour ne pas être vagabond, je m'efforce d'obtenir vaille que vaille un honnête métier et trouve toutes les voies barrées, toutes les portes fermées. J'avais faim, j'avais des dettes – est-il rien de plus bizarre que ma destinée ! Je finis par trouver une porte ouverte et prends tous les métiers pour survivre, journaliste, maître d'hôtel, politicien, joueur, représentant, barbier, maître ici, valet là, selon qu'il plaît à la fortune, ambitieux par vanité, travailleur par nécessité, mais paresseux de nature et avec délices ! Orateur à l'occasion, poète par délassement, musicien au besoin, amoureux par folles bouffées, j'ai tout vu, tout fait, tout usé, puis l'illusion s'est détruite, et, trop désabusé, j'ai fini – par me marier ! Ce fut le tournant de ma vie, le grand tour et retour sur moi-même, car depuis ce fameux mariage de Figaro, me voici un tout autre homme –

L'OFFICIER, *éberlué devant ce flot soudain de paroles, l'interrompt ; tapant du poing sur la table.* Ça suffit maintenant ! *Aux douaniers.* Il a bu ?

FIGARO. Oui.

L'OFFICIER, *féroce.* Je m'en rends bien compte.

FIGARO. Puisque je n'avais rien mangé depuis vingt-quatre heures et que ni le comte ni ma femme ni même la comtesse n'appréciaient le peu de gnôle que nous avions sur nous, je l'ai liquidée à l'instant de notre arrestation afin de la protéger d'une confiscation imminente.

L'OFFICIER, *avec un sourire tourmenté.* Un véritable bouffon. *À Figaro.* Le nom de votre femme ?

FIGARO. Suzanne. C'est la femme de chambre de madame la comtesse.

L'OFFICIER. Ah.

FIGARO. Nous sommes mariés depuis six ans.

L'OFFICIER. Ça ne me regarde pas.

Le premier douanier revient avec le médecin.

LE MÉDECIN, *saluant l'officier.* Quelqu'un est mort ?

FIGARO. Pas encore.

L'OFFICIER, *ne pouvant s'empêcher de sourire.* C'est une malade seulement. Suivez-moi, s'il vous plaît –

Il entre dans le cachot, en compagnie du médecin.

FIGARO. L'un de ces messieurs aurait-il une cigarette ?

LE PREMIER DOUANIER. Défense de fumer !

LE DEUXIÈME DOUANIER. Allons, ce n'est pas un assassin. *À Figaro.* Hop là, bouffon !

Il lui lance une cigarette.

FIGARO, *l'attrapant.* Merci, mon général !

Il l'allume.

LE DEUXIÈME DOUANIER, *au premier.* Il est content de vivre.

Un silence.

LE TROISIÈME DOUANIER, *à Figaro.* Chez toi, tout est vraiment sens dessus dessous, comme il est dit dans nos journaux ?

FIGARO. C'est pas si terrible que ça, ils mettent le feu partout et massacrent les maîtres, rien de plus.

LE PREMIER DOUANIER. Vous voyez ! Je savais que toutes ces horreurs qu'on raconte étaient très exagérées !

LE DEUXIÈME DOUANIER, *à Figaro.* C'est vrai qu'ils ont renvoyé tous leurs douaniers, sans retraite ?

FIGARO. Des horreurs tout ça ! Ces messieurs les douaniers font leur service, comme si de rien n'était.

LE PREMIER DOUANIER. Vous voyez !

LE QUATRIÈME DOUANIER. Et qu'en est-il des pensions alimentaires ? Ils ont introduit l'amour libre là-bas, d'après ce que j'ai entendu, et les femmes deviennent bien commun – ça m'intéresserait de savoir qui a la charge des enfants ?

FIGARO. D'après leur programme : la collectivité !

LE DEUXIÈME DOUANIER. Bon sang ! On aurait bien besoin de ça !

LE QUATRIÈME DOUANIER, *avec un sourire entendu.* Quel programme –

LE PREMIER DOUANIER. Un acte démographique !

FIGARO. Selon ce programme, les rapports entre homme et femme doivent être réaménagés. Moi, par exemple, j'ai souvent discuté avec ma femme. Pour ce qui est d'avoir un enfant, j'ai toujours été contre. En tant que valet et femme de chambre qui peuvent se faire renvoyer tous les premiers et quinze du mois, on ne peut pas se permettre d'avoir des enfants ; ce serait une légèreté coupable aussi longtemps que ton existence repose sur l'humeur de ton maître.

LE PREMIER DOUANIER, *aux douaniers.* Vous entendez ! L'humeur du maître ! Et pourtant ce brave homme – *désignant Figaro,* grand Dieu, ne saurait être soupçonné d'être un messager de la révolution, il la haïrait plutôt et il l'a fuie.

FIGARO, *l'interrompant.* Je vous demande pardon : la révolution, je ne la hais pas. Pourquoi le ferais-je ? Je trouve parfaitement pardonnable qu'on se révolte, j'ai assez reçu de coups sur l'échine pour me rendre compte de la manière la plus intime que les maîtres aujourd'hui chassés avaient beaucoup à se reprocher. Il fallait une explosion. J'ai vu les éclairs qui annonçaient la tempête et j'ai pu prédire qu'elle allait survenir.

LE TROISIÈME DOUANIER. Vous avez donc flirté avec la révolution ?

FIGARO. Flirter, moi ? Jamais. Sachez, messieurs, que je fus le premier valet à dire ses quatre vérités à son maître.

Un silence.

LE PREMIER DOUANIER. Pourquoi n'êtes-vous pas resté chez vous, puisque vous lui avez dit ses quatre vérités ?

Il a un sourire entendu.

FIGARO. Pour des raisons de nature strictement privée. Quand j'ai discuté avec ma femme, messieurs, pour décider s'il fallait rester ou fuir avec nos maîtres, elle m'a dit : la fidélité, ça existe. On n'a pas seulement des devoirs envers soi-même, mais également envers ses prochains, fussent-ils nos propres maîtres. Nous avions vécu le bon temps avec eux, nous ne devions pas les quitter dans le malheur – Vous savez, ma femme est un être de cœur.

LE QUATRIÈME DOUANIER. En fait, vous avez fui uniquement à cause de votre femme ?

FIGARO, *déconcerté, dresse l'oreille ; à voix basse*. Peut-être !

Il réfléchit.

Un silence.

LE DEUXIÈME DOUANIER. Souvent je me demande pourquoi il existe deux sortes d'êtres, l'homme et la femme –

LE TROISIÈME DOUANIER. Demande-le au bon Dieu.

LE PREMIER DOUANIER. Dieu n'existe pas.

FIGARO, *soudain*. Pourrais-je parler à ma femme ?

LE QUATRIÈME DOUANIER. Absolument.

FIGARO. Merci –

Il veut entrer dans le cachot et rencontre sur le seuil de la porte Suzanne qui en sort.

SUZANNE. Tiens, te voilà –

FIGARO. J'allais justement te rejoindre.

SUZANNE, *avec un sourire.* C'est drôle. Depuis cinq minutes je ne peux m'empêcher de penser à toi.

FIGARO. Et moi à toi. Télépathie –

Il a un petit sourire entendu.

SUZANNE. Où tu as été tout ce temps ?

FIGARO. Je me suis entretenu avec ces messieurs.

SUZANNE, *avec un sourire.* Je craignais que tu ne m'aies abandonnée –

FIGARO. Non. Comment va la comtesse ?

SUZANNE. Mal.

FIGARO. Que dit le médecin ?

SUZANNE. Il ne dit mot.

Un silence.

FIGARO. Elle va guérir.

SUZANNE. Je ne sais pas, tu es tellement indifférent –

FIGARO. Je suis simplement nerveux, moi aussi.

SUZANNE. La pauvre comtesse ne trouve pas l'apaisement, on lui a fait une piqûre, mais elle entend des bruits de pas et se croit tout le temps pourvuivie –

LE PREMIER DOUANIER, *avec un soupir.* Ici, personne ne la poursuit ! Ici règnent le calme et le bon ordre.

SUZANNE. Dieu merci ! Je suis contente d'avoir franchi la frontière, de l'autre côté, c'est l'enfer qui règne ! Vous n'avez pas idée, messieurs, même dans vos plus folles inventions ! Rien que crimes, pillages, assassinats et –

FIGARO, *interrompant.* Doucement ! N'exagère pas !

SUZANNE, *interloquée.* Exagérer ? Moi ? !

FIGARO. Ce qu'ils font, ça se fait à chaque révolution, car du point de vue de la révolution, ce n'est que justice.

SUZANNE. Justice ?

FIGARO. Il existe deux sortes de justice. Tout l'un ou tout l'autre. Nous deux, par exemple, personne n'aurait touché à un seul de nos cheveux. Nous aurions pu rester à la maison, comme tous tes parents, Antonio, Pédrille, Fanchette – Nous deux, personne ne nous aurait massacrés ; le pire qui aurait pu nous arriver, c'est que je devienne l'intendant du château –

SUZANNE, *le coupant.* Intendant ?

FIGARO. Pourquoi pas ?

Un silence.

SUZANNE, *le dévisageant.* Je ne t'ai jamais entendu parler comme ça –

FIGARO, *la fixant.* Non ? Tu as oublié ?

Un silence.

SUZANNE, *regarde presque inquiète autour d'elle ; à voix basse.* Il faut que je retourne auprès de la comtesse –

Elle entre dans le cachot.

Un silence.

LE PREMIER DOUANIER, *à Figaro.* Dites-moi, mon cher, pourquoi votre femme réagit-elle si différemment de vous à ces événements historiques de portée universelle ?

FIGARO, *avec un sourire entendu.* C'est qu'elle croit encore au bon Dieu.

TABLEAU 3

Quelques jours plus tard, dans une capitale étrangère. Une bijouterie, petite, mais sélecte. Une porte tapissée conduit au bureau du bijoutier, un jeune homme élégant avec des lunettes. Il se tient sur le pas de la porte et s'entretient avec son commis. C'est le matin, le soleil brille.

LE COMMIS. Il faut absolument que vous alliez voir ce film, monsieur. C'est un document historique unique. On voit parfaitement la tête et le revolver – pan ! Il est mort. Fabuleux !

LE BIJOUTIER. Extraordinaire.

LE COMMIS. Allez le voir aujourd'hui, il paraît qu'il va être interdit, parce que hier on a applaudi, ce n'est pas tous les jours qu'on voit l'assassinat authentique d'un roi.

LE BIJOUTIER. C'est à quelle heure, la séance ?

LE COMMIS. La dernière, à dix heures.

LE BIJOUTIER. Faites-moi réserver deux places. J'irai avec mademoiselle Mia.

Il entre dans son bureau.

LE COMMIS, *au téléphone.* Allô ! Deux places pour la dernière séance, s'il vous plaît, au nom de la bijouterie Tenbroeck. Plus que des corbeilles ? D'accord. Dites, c'est toujours l'assassinat, hein ? Il passe encore, alors ça marche. *Il raccroche. Le comte entre en compagnie de Figaro.* Messieurs ?

LE COMTE. Pourrais-je parler à monsieur Tenbroeck, le bijoutier ?

LE COMMIS. De la part de qui ?

LE COMTE. Comte Almaviva.

LE COMMIS. Un instant.

Il sort par la porte tapissée.

LE COMTE, *le suivant des yeux.* Je me rappelle encore parfaitement cette porte tapissée. J'ai acheté ici la bague que la comtesse a perdue l'été dernier – Tu te rappelles ?

FIGARO. Parfaitement.

LE COMTE. C'était lors de mon voyage de noces ; pourtant ici rien n'a changé. Une maison conservatrice.

FIGARO, *reniflant.* Ça se sent.

LE COMTE, *avec un sourire.* Oui.

LE BIJOUTIER *entre, venant du bureau par la porte tapissée, suivi de son commis.* Monsieur le comte désire ?

LE COMTE. J'aimerais parler à monsieur Tenbroeck.

LE BIJOUTIER. Lui-même.

LE COMTE. Vous ? Je vous demande pardon, dans mon souvenir, vous êtes différent, avec une barbe blanche – *Il sourit.*

LE BIJOUTIER, *gardant son sérieux.* C'était mon papa.

LE COMTE. Ah bon ?

LE BIJOUTIER. Quand avez-vous connu papa ?

LE COMTE. Oh, il y a une éternité –

LE BIJOUTIER. En effet. Il y a dix-huit ans qu'il est décédé.

LE COMTE. Décédé ? *Regardant autour de lui.* Pour le reste, tout est comme autrefois...

LE BIJOUTIER. Oui, hélas, tout est assez vieillot ici. Le mois prochain, je vais transformer la boutique, radicalement.

LE COMTE. Ah bon ?

Un silence.

LE BIJOUTIER. Que me vaut l'honneur, monsieur le comte ?

LE COMTE. Savez-vous qui je suis ?

LE BIJOUTIER. À dire vrai, le nom évidemment m'est familier, mais là, tout de suite, je ne saurais dire –

LE COMTE, *le coupant.* J'ai émigré. *Le bijoutier prend de plus en plus ses distances.* Ces derniers jours nous ont causé quelques soucis, et pas des moindres. Ma pauvre femme est tombée malade pendant notre fuite rocambolesque. Elle est au Sanatorium du Parc, avec une grave dépression nerveuse.

LE BIJOUTIER, *impassible.* C'est affreux.

LE COMTE. Elle devra rester alitée quatre semaines, ensuite nous partirons à la montagne. L'air des cimes.

LE BIJOUTIER. Je vous envie sincèrement. Je suis un passionné des sports d'hiver –

LE COMTE, *le coupant.* Je vous demande pardon, pour les sports d'hiver, nous serons à nouveau chez nous. Je considère la situation actuelle de mon malheureux pays comme intenable. C'est une révolte des instincts les plus barbares – donc un processus qui en soi est mauvais et qui très bientôt, va forcément se désintégrer, étant donné le bon sens de notre peuple et surtout des paysans.

LE BIJOUTIER, *avec un sourire impassible*. Espérons-le.

LE COMTE. D'ici deux mois au plus tard, tout sera terminé.

LE BIJOUTIER, *échangeant un sourire avec son commis*. Qu'y a-t-il pour votre service ?

LE COMTE, *légèrement embarrassé*. C'est une affaire qui demande quelque discrétion –

LE BIJOUTIER. Je vous en prie !

Il sort avec le comte par la porte tapissée.

Un silence.

LE COMMIS. Vous aussi, vous avez émigré ?

FIGARO. Oui.

LE COMMIS. Connaissez-vous le prince Bisamsky ?

FIGARO. Le gros ou le grand, celui qui est un peu bête ?

LE COMMIS. Je ne connais que le gros.

FIGARO. Lui est bête aussi.

LE COMMIS. Hier il nous a proposé un diadème, mais nous ne l'avons pas acheté. *Figaro dresse l'oreille.* Un émigré sur deux nous apporte au moins un diadème, on ne s'en sort pratiquement plus.

FIGARO. Vous m'en direz tant.

LE COMMIS. L'aristocratie de votre pays a été notre meilleure clientèle.

FIGARO. Maintenant elle s'est évanouie.

LE COMMIS, *se donnant de l'importance*. Je vous l'ai dit. Au lieu d'acheter, elle vend, de la concurrence par-dessus le marché. Les prix ont chuté de manière fabuleuse, tout est bouché avec les diamants –

FIGARO, *le coupant*. Avec les perles aussi ?

LE COMMIS. Encore plus, avec les perles !

FIGARO. Ça fait plaisir à entendre.

LE COMMIS, *avec un regard vers la porte tapissée*. Je ne crois pas qu'il y arrivera. On ne peut pas retenir la roue de l'histoire, encore moins la faire revenir en arrière. Tout sera terminé d'ici deux mois. Ridicule ! Pas vrai ?

FIGARO, *avec un sourire féroce.* Moi, on ne me questionne pas.

LE COMMIS. Ça va durer mille ans.

FIGARO. Alors c'est sans intérêt pour moi.

LE BIJOUTIER, *entre en compagnie du comte, venant de son bureau, à voix haute au commis.* Venez, que je vous dicte un reçu ! *À voix basse.* Un beau coup, ces perles – *Au comte.* Un petit instant, monsieur le comte !

Il sort avec le commis par la porte tapissée.

LE COMTE, *suivant le bijoutier du regard.* Crapule.

FIGARO. Déduction faite, cette crapule a acheté les perles ?

LE COMTE, *avec un sourire.* Oui, mais seulement au sixième de nos espérances –

FIGARO, *consterné.* Au sixième seulement !

LE COMTE. Peu importe ! Je ne suis pas capable de marchander, seulement d'acheter.

FIGARO. Monsieur le comte aurait dû me laisser négocier.

LE COMTE. Ce qui est fait est fait, le collier n'est pas encore perdu. Bientôt, la comtesse le portera de nouveau.

FIGARO. Touchons du bois !

LE COMTE. En tout cas, je me réjouis d'être débarrassé de ces répugnants soucis de menu argent, et de pouvoir à nouveau vivre convenablement.

FIGARO. Ce sixième nous permettra tout de même de vivre trois ans –

LE COMTE, *le coupant.* Trois ans ? Tu es fou ? Tu veux que je m'installe dans un meublé bourgeois peut-être ? Plutôt en finir pour de bon ! Le comte Almaviva continuera à vivre selon son style, il s'offrira le luxe dont il a acquis le droit de jouir par la naissance. Pour lui, l'émigration ne sera qu'un voyage d'agrément, la populace va se rendre compte qu'elle ne peut pas l'importuner. Absurde, ce boutiquier – *Désignant la porte tapissée.* Avec ses cinq cents ans qu'il croit que ça durera.

FIGARO. Pas plus ?

LE COMTE, *sans entendre Figaro.* Que le monde est myope ! Non, l'avenir se présente nettement à mes yeux : nous serons à la maison avant qu'il neige et je ferai tout mon possible pour raccourcir ce délai, je mettrai tout en œuvre pour expliquer sans relâche – N'oublie pas de me rappeler que demain, je suis attendu par mon ami, le sous-secrétaire d'État. À une heure et demie, au ministère.

FIGARO, *pris de frayeur.* Au ministère ? Grand Dieu !

LE COMTE, *surpris.* Qu'y a-t-il ?

FIGARO. Je vous demande pardon, monsieur le comte, j'ai complètement oublié cette lettre que l'on a déposée ce matin – *Il sort une lettre de sa poche ; la remettant au comte.* Du ministère. Je vous demande pardon.

LE COMTE, *ouvre la lettre, la lit et déconcerté, la rend à Figaro ; à voix basse.* Lis.

FIGARO, *lisant.* Hum.

Un silence.

LE COMTE. Qu'en dis-tu ?

FIGARO. Je m'y attendais.

LE COMTE. De belles paroles pour cacher une grande lâcheté. Il ne faut pas que je rende visite à mon ami au ministère, car l'apparition d'un éminent émigré pourrait éveiller les soupçons sur leur sincérité quant à ce traité commercial. – *Avec un sourire.* Enfin ! j'écrirai donc des articles sur les traités louches avec les barbares, article sur article ; puisque je maîtrise la matière, je relève le défi.

FIGARO. Je crains qu'on ne publie pas les articles.

LE COMTE. Alors je parlerai dans les réunions.

FIGARO. On les interdira.

LE COMTE, *dressant l'oreille.* Tu crois ?

FIGARO. Ou alors monsieur le comte parlera devant des salles vides.

LE COMTE, *le fixant.* Et pourquoi ?

FIGARO. Parce que personne ne voudra se brouiller avec les barbares, soit par sympathie, soit par peur.

Un silence.

LE COMTE. Suzanne a dit un jour que tu savais prédire l'avenir. Moi aussi, je sais le prédire. Méfie-toi !

FIGARO. Je ne vous comprends pas, monsieur le comte.

LE COMTE. Un homme qui aujourd'hui prétend faire partie de mon entourage quotidien, ne doit pas toujours me donner son avis, même s'il est juste ; il doit plutôt me mentir par une approbation inconditionnelle, car, par les temps qui courent, une vérité n'est souvent qu'une critique voilée. Je me charge personnellement de la critique voilée –

Il lui fait un signe de tête amical.

LE BIJOUTIER *entre, venant de son bureau, un papier à la main, suivi de son commis.* Votre reçu, monsieur le comte !

TABLEAU 4

Trois mois plus tard. Tout là-haut dans les montagnes, dans une des plus belles stations de sports d'hiver du monde. Une grande terrasse d'hôtel, dépendant de l'appartement du comte Almaviva, avec vue superbe sur les cimes majestueuses des Alpes. De la patinoire devant l'hôtel vient de la musique. Suzanne met à la comtesse rétablie ses patins à glace. Neige et soleil.

LA COMTESSE. Je n'aurais pas cru il y a encore quelques semaines que je retournerai sur la glace.

SUZANNE. Les malheurs passent toujours, madame la comtesse. Les bottines vous vont à merveille.

LA COMTESSE. Elles me serrent.

SUZANNE. Oh, ça va passer !

FIGARO, *surgissant.* Le professeur de patinage attend, madame la comtesse.

LA COMTESSE. Je suis prête. Où est le comte ?

FIGARO. Monsieur le comte se trouve au casino.

LA COMTESSE, *avec un sourire.* Il devrait faire du sport plutôt que de jouer sans arrêt, il n'arrête pas de perdre.

SUZANNE. Amusez-vous bien, madame la comtesse.

LA COMTESSE. Mets-toi au soleil, Suzanne.

Elle sort.

SUZANNE. Viens Figaro, nous allons nous installer confortablement – *Avançant deux chaises longues au soleil.* Sais-tu à quelle hauteur nous sommes ? Deux mille mètres au-dessus de la mer.

FIGARO. Encore trop bas pour des prix si élevés. La station de sports d'hiver la plus chère du monde. Et l'hôtel le plus cher.

SUZANNE. Ce n'est pas nous qui payons.

FIGARO. Tu crois ?

SUZANNE, *le priant de s'asseoir.* Si vous voulez vous donner la peine, monsieur le comte –

FIGARO, *s'asseyant.* Le soleil des cimes n'est pas bon. Les ultraviolets ne sont bons que pour les malades.

SUZANNE. Qui a dit cela ?

FIGARO. Moi.

SUZANNE, *avec un sourire.* Tu as peur de tomber malade ? Pauvre Figaro !

FIGARO. Vas-y, moque-toi !

SUZANNE. Ah, Figaro, que tu as changé ! Qu'est-ce qui ne va pas ? Trois mois que nous sommes partis, dont sept semaines que la pauvre comtesse a passées dans un sanatorium –

FIGARO, *l'interrompant.* Ce n'était pas un sanatorium, c'était un asile de fous pour les gens de la haute. L'asile de fous le plus cher du monde !

Un silence.

SUZANNE. Autrefois, tu n'étais pas aussi mesquin.

FIGARO. J'ai des soucis.

SUZANNE. Des soucis ! Nous n'avons jamais aussi bien vécu que pendant cette émigration. Rien que des grands hôtels, nous sommes traités en hôtes de marque.

FIGARO. Des hôtes qui paient. Combien de temps pourrons-nous encore payer, avec le grand train que nos maîtres jugent bon de mener ? Jusqu'à Pâques. Et ensuite ? C'en sera fini du sixième du prix des perles que nous avons jetées aux cochons !

SUZANNE, *s'enduisant d'une crème solaire blanche.* Le comte a dit hier soir à la comtesse : d'ici quatre semaines au plus tard, nous serons à la maison.

FIGARO, *bondissant.* Je n'en peux plus d'entendre ces bêtises. Il y a trois mois, il a dit : dans deux mois tout sera terminé. Chou blanc ! Il y a huit semaines, il a dit : dans six semaines tout sera terminé. Chou blanc ! Il y a quatre semaines, il a dit : nous fêterons Pâques à la maison – et Pâques, c'est demain. Encore chou blanc. Je te le dis, chou blanc sur toute la ligne, la situation se stabilise, tout le monde capitule, nous n'en verrons plus la fin, sinon notre propre fin. Chou blanc, chou blanc, chou blanc !

SUZANNE. Le comte est un diplomate avisé. Tu prétends être plus malin ?

FIGARO *s'immobilise net ; la fixant.* Choisis ! Lui ou moi !

SUZANNE, *interloquée.* Ce qui signifie ?

FIGARO. Suzanne, un monde s'est effondré. La nuit où nous avons franchi la frontière en pleine forêt, j'ai voulu redonner du courage à la comtesse. Je lui ai raconté cette histoire absurde d'un gars revenu de la mort. Je faisais le bouffon – tu t'en souviens ? Or il m'est apparu clairement que je parlais à des morts en sursis, que je mentais en exaltant la vie devant des gens déjà condamnés. Il aurait été préférable pour le comte et la comtesse de n'avoir jamais franchi la frontière, d'être restés là-bas, d'avoir été massacrés.

SUZANNE, *épouvantée*. Figaro !

FIGARO. Un monde s'est effondré, un monde vieux. Le comte et la comtesse ne sont plus en vie ; seulement ils ne le savent pas encore. Dans leurs lits de grands hôtels, ils sont comme mis en bière, les croque-morts, il les prennent pour des portiers, les fossoyeurs pour des maîtres d'hôtel, le prêtre pour un masseur. Ils changent de linge tous les jours, c'est toujours un linceul, ils se parfument, c'est toujours l'odeur de fleurs qui se fanent sur une tombe. En avant pour la fosse, Suzanne. Tu es partante ? Pas moi.

SUZANNE, *inquiète*. Je ne te comprends pas, Figaro.

FIGARO. Il faut quitter les Almaviva.

SUZANNE. Les quitter ?

FIGARO. Il faut se sortir de cet état de dépendance. On est le premier, aujourd'hui.

SUZANNE. Tu es fou ?

FIGARO. Je ne suis certes pas un diplomate avisé, mais je sais ce que je veux. *Sortant un journal de sa poche.* J'ai trouvé ici la petite annonce d'un barbier : « Salon de coiffure à vendre ».

SUZANNE. Barbier ?

FIGARO. Oui, je redeviens barbier. *Lisant une petite annonce.* « Salon de coiffure d'excellente réputation, à vendre pour cause de divorce. À Grand-Bisbille. » Grand-Bisbille est une localité moyenne, en Bavière, de trois mille quatre cents âmes, en plein essor. Environs agréables et vallonnés. Je me suis renseigné. Beaucoup de forêts.

Un silence.

SUZANNE, *le dévisageant*. Tu es sérieux ?

FIGARO. Absolument. Comme indemnités, il suffit que le comte nous accorde la somme que nous dépensons ici, à quatre, en une semaine, sans parler des fortunes qu'il perd tous les jours au casino. Non, Suzanne, je ne joue plus. Sortons-nous de cette dépendance, et nous serons sauvés. Pourquoi me regardes-tu ainsi ?

SUZANNE. Quelque chose me revient à l'esprit.

FIGARO. Quoi donc ?

SUZANNE. Tu n'aimes pas en parler.

FIGARO. Avec moi, tu peux parler de tout.

Un silence.

SUZANNE. Lorsque nous nous sommes mariés, tu disais que deux êtres aussi dépendants qu'une servante et un valet ne peuvent pas se permettre d'avoir un enfant, et je me suis rangée à ton avis.

FIGARO. Eh bien !

SUZANNE. Tu disais aussi que si nous devenons un jour nos propres maîtres, alors tout de suite. « Tout de suite », tu disais –

FIGARO. Exact. Il faut d'abord voir la tournure que ça prendra.

SUZANNE. Quelle tournure ?

FIGARO. Une fois devenu son propre maître, il s'agit de le rester.

SUZANNE, *avec un sourire étrange*. Que tu es devenu frileux –

FIGARO. Ce n'est pas de la lâcheté. L'avenir m'impressionne.

Un silence.

SUZANNE, *soudain*. Moi, le comte s'occupera de moi.

FIGARO. Personne ne doit s'occuper de toi, excepté moi !

SUZANNE. Je reste.

FIGARO. Ah bon ? Tu veux me laisser seul, alors que j'ai fui uniquement à cause de toi ?

SUZANNE. Ce n'est pas vrai. Toi aussi, par fidélité pour le comte, tu aurais –

FIGARO, *l'interrompant*. Possible, mais je serais aussi resté, si toi, tu étais restée ! Finalement, ma seule raison d'émigrer, c'était toi, je suis un émigré par fidélité conjugale et rien d'autre !

LE COMTE, *entrant ; à Suzanne.* Où est la comtesse ?

FIGARO. Elle danse sur la glace.

Le comte regarde Figaro d'un air surpris et l'observe avec méfiance, car il a remarqué dans son ton un certain manque de respect.

SUZANNE, *pour sauver la situation.* Figaro est si nerveux aujourd'hui –

LE COMTE, *légèrement ironique.* Ah ! Est-ce le foehn ou bien vous êtes-vous encore disputés ?

FIGARO. Non, monsieur le comte, nous sommes du même avis.

LE COMTE. Voilà qui mériterait d'être applaudi.

Il s'assoit.

Suzanne se détourne, en pleurs. Le comte la regarde d'un air surpris.

FIGARO, *avec une détermination soudaine.* Monsieur le comte, vous avez écrit article sur article et tenu des conférences contre les nouveaux maîtres –

LE COMTE, *l'interrompant.* Cela n'avait pas de sens, je m'en suis aperçu. Les nouveaux maîtres se renverseront mutuellement, d'ici quatre semaines au plus tard –

FIGARO, *le coupant.* Et s'ils ne se renversent pas, monsieur le comte ? *Le comte sursaute.* Je ne vous aurais pas posé une question aussi peu préoccupante si je ne devais pas me préoccuper de l'avenir. M'occuper de ma femme, que cela lui plaise ou non, c'est mon devoir numéro un. Monsieur le comte, à votre place je rentrerais dans le capital d'un café qui rapporte, il est encore temps –

LE COMTE. Tu es malade ou quoi ? Qu'est-ce que c'est que ces propositions indécentes ?

FIGARO. C'est la nécessité qui les dicte.

LE COMTE. Tu es dans la nécessité ?

SUZANNE, *pleurant.* Monsieur le comte, il est devenu fou, il veut demander son congé, son congé, voilà ce qu'il veut.

Elle sanglote.

LE COMTE. Son congé ? !

Il fixe Figaro.

FIGARO, *embarrassé et mal assuré.* Monsieur le comte, on est le premier, aujourd'hui.

LE COMTE, *le coupant.* Aucune importance. Qui ne veut rester chez moi, peut s'en aller à tout moment. Accordé.

FIGARO. Merci, monsieur le comte.

Un silence.

LE COMTE, *à Suzanne.* Où voulez-vous aller ? Pas rentrer, tout de même ?

FIGARO, *devançant Suzanne.* Loin de moi cette idée monsieur le comte !

LE COMTE, *à Figaro.* Méfie-toi ! Si tu rentres en émigré, tu y laisses la tête !

FIGARO. Ce ne serait que justice.

LE COMTE, *interloqué.* Justice ?

FIGARO. Monsieur le comte, il y a malheureusement deux sortes de justice. Tout l'un ou tout l'autre.

SUZANNE. *Avec une agressivité soudaine ; à Figaro.* Mais il y a aussi deux sortes d'injustice ! Tout l'un ou tout l'autre !

FIGARO, *à Suzanne.* C'est dans la nature des choses.

Un silence.

LE COMTE, *à Suzanne.* Donc, vous ne voulez pas rentrer au pays –

SUZANNE, *pleurant.* Il veut redevenir coiffeur.

LE COMTE. Coiffeur ?

Il ne peut s'empêcher de sourire.

FIGARO. Monsieur le comte, je voudrais m'installer en Bavière, à Grand-Bisbille.

LE COMTE, *l'interrompant.* Ça ne m'intéresse pas.

FIGARO. Bon, bon !

Un silence.

LE COMTE. Combien de temps as-tu été à mon service ?

FIGARO. Neuf ans, monsieur le comte.

LE COMTE. Hum. Je regrette de me séparer de toi. Je m'y attendais, je sentais depuis un moment que tu faisais de la résistance passive.

FIGARO. Je vous demande pardon, c'est seulement l'instinct actif de conservation.

LE COMTE. Il n'y a qu'un chose qui m'importe mon cher Figaro : tu es devenu bourgeois.

Il a un léger sourire.

FIGARO. Dans ma vie, monsieur le comte, j'ai eu si souvent l'estomac vide, que le mot « bourgeois » s'est vidé de toute horreur pour moi.

LA COMTESSE, *qui revient de la patinoire ; apercevant le comte.* Ah, déjà rentré du casino ? Eh bien, qu'avons-nous perdu aujourd'hui ?

LE COMTE. Figaro et Suzanne.

ACTE II

TABLEAU 1

Neuf mois plus tard, à Grand-Bisbille. Figaro a repris ce salon d'excellente réputation. Il fait une ondulation à madame Joséphine, l'énergique épouse du pâtissier Adalbert, pendant que Suzanne savonne le professeur. À gauche, une porte : « Privé ». Fin septembre, bientôt le soir.

LE PROFESSEUR, *à Suzanne*. C'est votre mari qui va me raser, n'est-ce pas ?

FIGARO. Ma femme ne fait que savonner.

SUZANNE, *avec un sourire*. Vous auriez peur ?

LE PROFESSEUR. Pour être franc, un rasoir dans des mains aussi délicates, cela m'inquiéterait –

JOSÉPHINE, *d'un ton narquois*. Quel compliment, professeur !

LE PROFESSEUR. Que dit le latiniste ? *Veni, vidi, vici !*

SUZANNE. Ce qui signifie ?

FIGARO. Je suis venu, j'ai vu, j'ai vaincu.

LE PROFESSEUR, *surpris, à Figaro qui lui fait la barbe*. Vous savez le latin ?

FIGARO. À usage domestique seulement, professeur ! Je suis un autodidacte.

JOSÉPHINE, *à Suzanne qui la coiffe*. Pas si fort, ma chère ! Mon crâne n'est pas de la pâte à pétrir.

SUZANNE. Oh, pardon, madame la pâtissière !

JOSÉPHINE. Tout doux, tout doux, sinon vous allez abîmer le chef-d'œuvre de votre mari !

SUZANNE, *avec un sourire quelque peu narquois*. Je m'en garderais bien.

LE PROFESSEUR, *à Figaro*. Faites attention, j'ai un bouton, là –

FIGARO. J'ai vu.

LE PROFESSEUR. Vous êtes un génie.

JOSÉPHINE *se lève ; payant Suzanne.* Demain soir vous viendrez, n'est-ce pas, madame Figaro ?

SUZANNE. Où ça ?

JOSÉPHINE. Vous ne savez pas ? L'association humanitaire organise sa soirée théâtrale, ma petite Irma tient le rôle principal, elle est mignonne, mignonne –

SUZANNE. Mon mari viendra certainement.

FIGARO, *à Joséphine.* Ma femme ne se sent pas bien –

JOSÉPHINE. On n'a pas idée, alors que tous les notables seront là ! On ne vous voit vraiment pas beaucoup, ma petite dame – Eh bien, au revoir !

Elle sort.

FIGARO, *avec des courbettes.* Mes respects, madame la pâtissière, mes respects ! *Il lance à Suzanne un regard réprobateur ; au professeur, qu'il finit de raser.* Pierre d'alun, lotion ou serviette chaude ?

LE PROFESSEUR. Eau de Cologne. Et talc.

FIGARO, *s'exécutant.* Voilà. Merci.

LE PROFESSEUR, *se levant ; examinant ses joues dans la glace.* Il faut le reconnaître, je ne suis jamais tombé dans les mains d'un barbier aussi adroit. C'est un mystère pour moi que vous exerciez à Grand-Bisbille.

FIGARO, *lui passant un coup de brosse sur les vêtements.* Les hasards de la vie, professeur !

LE PROFESSEUR. Les salons de toutes les métropoles auraient dû se battre pour employer pareil talent !

FIGARO. Possible. Mais pour ce qui est de m'employer, plus question, je suis mon propre maître. Je m'échine nuit et jour, professeur, mais je veux ma liberté.

LE PROFESSEUR. Elle vous avance à quoi, votre liberté, si vous vous échinez sans cesse ?

SUZANNE. À rien.

Un silence.

LE PROFESSEUR. Hum. Croyez-moi, Grand-Bisbille n'a pas son pareil. C'est la mort. Cela dit, au revoir à tout le monde !

Il sort.

FIGARO, *avec des courbettes*. Mes respects, professeur, mes respects ! *Il ferme la porte ; marmonnant dans sa barbe.* Un imbécile.

SUZANNE. Il a raison.

Un silence.

FIGARO. Suzanne, il faut que nous parlions sérieusement, il en est grand temps. Depuis neuf mois que nous avons repris ce salon, mon savoir-faire a drainé chez nous tous les notables du coin, qui, du pasteur à la sage-femme, se font raser, coiffer, friser, manucurer, j'ai même introduit la pédicurie, etc. – Le plus difficile n'est pas de conquérir la clientèle, mais de savoir ne pas la perdre, ce qui ne tient pas seulement à l'art de raser et de coiffer, mais à certaines astuces psychologico-diplomatiques : se pencher humainement sur la clientèle, s'intéresser à ses problèmes, se ranger à son jugement, flatter sa vanité, partager ses soucis, rire quand elle rit, pleurer quand elle pleure –

SUZANNE, *l'interrompant*. C'est ça, ta liberté ?

FIGARO. Ne m'embrouille pas, s'il te plaît, laisse-moi finir ! Être hypocrite n'est pas la moindre manifestation de ma liberté, il faut l'être, sinon nous nous retrouverons un jour dans le caniveau ! Tu ne te rends pas compte combien c'est sérieux. Au gymnase, l'autre jour, pendant le bal, tu as failli vexer la femme du maire –

SUZANNE, *le coupant*. Elle parlait sans arrêt de sa hernie, c'était insupportable !

FIGARO. Hernie par-ci, hernie par-là, tu dois le supporter ! Tu as une responsabilité, il est évidemment de ton devoir d'aller demain soir à la soirée théâtrale de l'association humanitaire ! La femme du pâtissier, c'est du gâteau pour nous, il faut que tu ailles regarder sa fille Irma !

SUZANNE. Je préfère rester à la maison et lire un roman.
FIGARO. Tu ne dois pas lire de roman, tu dois aller regarder Irma.
SUZANNE. La fille la plus hideuse de la terre, une bigleuse, un avorton à tête de citrouille –
FIGARO. Bigleuse par-ci, bigleuse par-là ! Tu dois la trouver mignonne, cette naine, tu doit applaudir à t'en faire rougir les mains, non mais !
SUZANNE. Je déteste tous ces petits bourgeois.
FIGARO. Ce sont ces petits bourgeois qui nous font vivre, que tu les aimes ou que tu les détestes !
SUZANNE. S'ils n'empestaient pas tant, quand ils s'amassent –
FIGARO. L'époque est morte, où nous étions entourés de maîtres à l'existence parfumée. Morte et enterrée.
SUZANNE. Ne fais pas semblant. Toi aussi, tu as la nostalgie du passé !
FIGARO. L'heure n'est plus à la nostalgie, j'en ai fini avec elle. L'heure est à la réalité d'aujourd'hui et de demain.
SUZANNE, *d'une voix sourde.* Je vais crever dans ce trou – *Avec une agressivité soudaine ; à Figaro.* Je ne suis pas née pour coiffer la femme du pâtissier ni pour trouver charmants des avortons, moi qui ai tenu tête aux plus grandes cantatrices ; je ne suis pas née pour boire de la bière dans les troquets enfumés, moi qui ai eu l'heur de goûter au champagne ; je ne suis pas née pour discuter des hernies dans les réunions de ces dames, moi qui fus la confidente d'une comtesse – *Elle s'arrête soudain ; pleurant à chaudes larmes.* Si seulement nous étions restés chez les Almaviva !
FIGARO. La vie de ces pauvres Almaviva ne doit pas être bien rose.
SUZANNE, *pleurant.* Plus rose que la mienne, en tout cas.
FIGARO. N'offense pas Dieu !
Un silence.
SUZANNE. Parfois, tu parles déjà comme nos clients –

FIGARO. Il nous faut viser le haut du panier, sinon nous perdrons pied et nous nous écraserons par terre.
Il a un sourire entendu.

SUZANNE. Grand-Bisbille, c'est la mort.

FIGARO. Ce n'est pas ma faute, si nous avons atterri ici.

SUZANNE, *de nouveau agressive.* La faute à qui ? ! Bien sûr, bien sûr ! C'est moi ! C'est uniquement à cause de moi et de ma « stupide » fidélité à nos maîtres que nous avons émigré et que nous sommes dans le pétrin, alors que nous aurions pu rester à la maison, tranquilles, avec l'oncle Antonio, Pédrille, Fanchette – tu serais peut-être même passé intendant du château, hein, pas vrai ? ! Tu me rebats les oreilles trois fois par jour avec ça !

FIGARO. Ce n'est pas vrai ! Je t'ai dit ça une seule fois.

SUZANNE. Mais je l'entends, même quand tu te tais ! Je l'entends quand tu lis le journal ; je l'entends, quand tu regardes par la fenêtre ; je l'entends, quand tu es couché près de moi ; tu en rêves –

FIGARO, *ironique.* Et qu'est-ce que tu entends d'autre ?

SUZANNE. Que ça ne colle plus entre nous, Figaro.
Un silence.

FIGARO. Comment cela ?

SUZANNE. Lorsque nous avons quitté la comtesse, je t'ai dit que j'irais partout avec toi, car ma place est auprès de toi – tu t'en souviens ? – je t'ai dit que je te suivrais même à Grand-Bisbille, car je t'aime, mais il faut que je sois ta femme, vraiment ta femme.

FIGARO. Ce qui signifie ? Que je ne suis pas vraiment ton mari ?

SUZANNE. Tu ne t'en souviens pas ?
Un silence.
Le soir tombe.

FIGARO. Ah, tu veux dire – hum. Suzanne, sois raisonnable, je t'en prie, de nos jours ce serait irresponsable de mettre au monde un enfant –

SUZANNE, *le coupant.* Nous avons repris un salon d'excellente réputation.

FIGARO. De nos jours rien n'est d'excellente réputation.

Un silence.

SUZANNE. Qu'en sera-t-il lorsque nous serons vieux, que nous n'aurons personne auprès de nous ? Je n'entendrai jamais le mot « mère », toi jamais le mot « père ». Notre vie n'aura pas de sens.

FIGARO. De toute façon, elle n'a pas beaucoup de sens. Comment veux-tu savoir si par ces temps agités, nous aurons l'occasion de vieillir ?

SUZANNE. Quand tu parles comme ça, je préférerais mourir sur-le-champ.

FIGARO, *tendrement.* Crois-moi, je t'aime beaucoup.

SUZANNE. Ça ne me suffit pas.

FIGARO. Ça ne te suffit pas ?

Il enlève sa blouse et met son chapeau.

SUZANNE. Où vas-tu ?

FIGARO. À la chorale. Ferme le salon, s'il te plaît ; c'est l'heure, et l'autre gendarme est à cheval sur les principes !

Il sort.

Suzanne ferme le salon et s'assoit sur une chaise.

TABLEAU 2

Dans une grande ville étrangère. Une chambre meublée à bon marché. La comtesse est assise dans l'unique fauteuil et lit un recueil de nouvelles emprunté à la bibliothèque de prêt. Ses cheveux ont blanchi. Le comte est debout, à la fenêtre. Il neige.

LE COMTE. Il neige.

LA COMTESSE, *avec un sourire.* L'hiver qui revient. Pourvu qu'il soit doux, le bois a augmenté.

LE COMTE. Le facteur est-il passé ?

LA COMTESSE. Attends-tu quelque chose de précis ?

LE COMTE. Oui. Une réponse du journal.

LA COMTESSE. Il serait temps.

LE COMTE. Aujourd'hui nous paierons les factures.

LA COMTESSE. Quand on frappe, je suis prise de peur. Quinze jours que nous n'avons plus réglé la moindre facture –

LE COMTE. Un comte Almaviva ne reste débiteur de personne.

On frappe.

UNE SERVANTE, *apportant deux lettres.* Le courrier, monsieur le comte.

Elle sort.

LE COMTE. Pour toi. Et pour moi, du journal –

Il ouvre la lettre et la parcourt.

LA COMTESSE *ouvre la sienne, lisant la signature.* Ah !

Elle se plonge dans la lecture de sa lettre.

LE COMTE *a lu la sienne, la met dans sa poche, résigné ; sans voix.* Qui t'écrit ?

LA COMTESSE. Suzanne.

LE COMTE. Suzanne ? Je t'ai pourtant demandé de ne plus correspondre avec eux.

LA COMTESSE. Je ne corresponds pas. Regarde l'enveloppe ! Adressée à l'Esplanade, et réexpédiée.

LE COMTE, *déchiffrant les adresses sur l'enveloppe.* Esplanade, Carlton, Régina –

LA COMTESSE, *avec un sourire.* D'étape en étape.

LE COMTE. De palier en palier.

Un silence.

LA COMTESSE. Tu as la nostalgie de l'Esplanade ?

LE COMTE, *fixant les adresses.* Troisième étage. Meublé. Aux bons soins de madame T. Bader –

Il pose l'enveloppe sur la table.

LA COMTESSE. Madame Bader est une brave femme.

LE COMTE. Oui. Elle a pitié de nous. Atroce.
LA COMTESSE. Tu as encore beaucoup à apprendre.
LE COMTE. Les études sont derrière moi.
LA COMTESSE. Nous sommes encore sur les bancs de l'école, fût-ce dans une grande classe, peut-être même à l'université – *Avec un sourire.* La petite Suzanne, vois-tu, elle n'en est qu'à apprendre à lire et à écrire, elle a peur, comme tous les enfants, quand on la laisse seule dans le noir. Nous n'avons plus peur, n'est-ce pas ?
LE COMTE. Tu es devenue si courageuse.
Il a un léger sourire.
LA COMTESSE. J'ai changé. Dieu merci.
Un silence.
LE COMTE. Que dit Suzanne ?
LA COMTESSE. Elle voudrait quitter Figaro.
LE COMTE, *surpris.* Le quitter ? Pourquoi ?
LA COMTESSE. Parce qu'il a changé.
LE COMTE. Il la trompe ?
LA COMTESSE. Non, mais il ne vit plus que pour son salon, paraît-il, et néglige leur amour. *Jetant un coup d'œil à la lettre.* Pauvre Suzanne ! Elle demande si elle pourrait revenir chez nous.
LE COMTE. Revenir chez nous ?
LA COMTESSE. Comme femme de chambre. *Le comte a un sourire entendu.* Elle a la nostalgie de ce qu'elle a connu.
Un silence.
LE COMTE, *se levant, et arpentant la chambre.* Le journal m'a écrit qu'il ne voulait pas de mes Mémoires pour son feuilleton littéraire, pas plus que pour le supplément du dimanche. Un comte Almaviva se propose et on n'en veut pas ! Son nom est gommé, sa vie se perd dans les brumes – *Il sort la lettre de sa poche ; la parcourant une nouvelle fois.* Quelle impertinence ! J'ai un style archaïque, d'après ce que m'écrivent ces prolos, alors que personne de nos jours n'est plus capable de rédiger une

phrase correctement – rien que des scribouillards ! Tiens –

Il lui tend la lettre.

LA COMTESSE, *la lisant, regardant le comte avec de grands yeux.* Pourquoi n'irais-tu pas faire un tour au café ?

LE COMTE. Je n'ai pas d'argent.

LA COMTESSE. J'en ai encore un peu – Allons, vas-y !

LE COMTE. Qu'y a-t-il de prévu pour le dîner ?

LA COMTESSE. Le tien est prêt. Moi, je ne dînerai pas.

LE COMTE. Tu ne vas pas jeûner tout de même !

LA COMTESSE. Il est bon pour la santé de sauter un repas de temps à autre. Vas-y, une partie d'échecs te changera les idées.

LE COMTE, *avec un sourire.* Aujourd'hui, pour changer, je suis encore ton petit – *Il enfile son manteau pour sortir ; s'arrêtant sur le pas de la porte.* Que vas-tu répondre à Suzanne ?

LA COMTESSE. Je lui écrirai qu'elle ne doit pas perdre courage.

LE COMTE. Tout en glissant sur notre situation –

LA COMTESSE. Je glisserai, je glisserai –

Avec un sourire et un signe de tête, elle lui dit adieu.

LE COMTE. Adieu.

Il sort.

LA COMTESSE *va chercher du papier à lettre ; écrivant.* Chère Suzanne, la place d'une femme est auprès de son mari –

TABLEAU 3

De nouveau à Grand-Bisbille, une semaine plus tard. Dans le salon de coiffure, Suzanne savonne le garde-forestier, un gaillard qui n'a pas froid aux yeux.

LE GARDE-FORESTIER. Que faites-vous jeudi, Suzanne ?

SUZANNE. Comment cela, monsieur le garde-forestier ?

LE GARDE-FORESTIER. Jeudi, c'est la Saint-Sylvestre. Une nouvelle année –

Un silence.

SUZANNE. Mon mari et moi, nous irons à l'Auberge de la Poste.

LE GARDE-FORESTIER. Alors moi aussi j'irai à l'Auberge de la Poste. Vous aimez danser ?

SUZANNE. Oui.

LE GARDE-FORESTIER. Pourtant on ne vous voit nulle part, dans aucun cercle, à aucun bal –

SUZANNE. Il n'y a pas de danseurs à Grand-Bisbille.

LE GARDE-FORESTIER. Bien vrai. Moi, en ce qui me concerne, je ne suis pas de Grand-Bisbille. Je suis seulement en poste ici.

SUZANNE, *avec un sourire.* Moi aussi.

LE GARDE-FORESTIER. Alors nous sommes des compagnons d'infortune. Quand je ne suis pas dans la forêt, je m'ennuie à périr.

SUZANNE, *le rasant.* Vous êtes le seul homme à se laisser raser par moi.

LE GARDE-FORESTIER. Et votre mari ?

SUZANNE. Il se rase tout seul.

Un silence.

LE GARDE-FORESTIER. Où est votre mari ?

SUZANNE. Il est couché. Toujours après le déjeuner.

LE GARDE-FORESTIER. Et vous, vous ne vous couchez pas ?

SUZANNE. Chacun son tour.

LE GARDE-FORESTIER. Vous ne couchez jamais ensemble ? *Suzanne s'interrompt, le dévisage un instant, effrayée, puis continue à le raser, comme si elle n'avait pas entendu. Un silence.* Je suis donc le seul – le seul à me laisser raser par vous ?

SUZANNE. Oui.

LE GARDE-FORESTIER. Je n'ai pas peur, moi. Par vous, je me laisserais même trancher la gorge –

Il a un sourire entendu.

SUZANNE, *avec un sourire forcé.* Mon Dieu, le bain de sang que ce serait ! Et votre fiancée, qu'en penserait-elle ? Un fiancé à la gorge tranchée !

LE GARDE-FORESTIER. Elle devra s'habituer à tout.

Un silence.

SUZANNE, *ayant fini de le raser.* Lotion ou serviette chaude ?

LE GARDE-FORESTIER. Serviette chaude, bien chaude. Tout ce qu'il y a de plus chaud –

Il l'agrippe soudain brutalement et lui ravit un baiser.

SUZANNE *se dégage ; d'une voix étouffée.* Arrêtez ! Qu'est-ce qui vous prend ?

LE GARDE-FORESTIER. C'est tout ce qu'il y a de plus naturel –

Il se lève et s'approche lentement d'elle.

SUZANNE. Laissez-moi, espèce de – Je vais vous trancher la gorge pour de bon –

LE GARDE-FORESTIER, *l'interrompant.* Tranche, vas-y !

Il saisit en un éclair son poignet et le serre.

SUZANNE. Aïe ! *Lâchant le rasoir.* Écoutez, mon mari, s'il se réveille, je vais l'appeler, je vais –

LE GARDE-FORESTIER, *l'ayant acculée dans un coin.* Vas-y, appelle, personne ne t'entendra, à part moi –

Il l'agrippe de nouveau et l'embrasse.

SUZANNE, *faisant tomber une lettre en se dégageant à nouveau.* Vous êtes une bête, une bête – allez-vous-en, ou c'est moi qui m'en vais –

LE GARDE-FORESTIER, *sans bouger.* Tu as une belle bouche.

SUZANNE, *le dévisageant ; à voix basse.* Je m'en vais. Vite fait.

LE GARDE-FORESTIER. Si tu vas vite, moi aussi je vais vite. *Il se détourne lentement d'elle ; enfilant sa fourrure.* Je te rattraperai.

SUZANNE. Jamais.

LE GARDE-FORESTIER. Demain. Après le cinéma. *Suzanne ne répond pas.* Ah, j'oubliais de payer.

SUZANNE. Quarante.

LE GARDE-FORESTIER, *lui remettant la somme.* Voilà.

SUZANNE. Merci.

LE GARDE-FORESTIER, *montrant le sol.* Il y a une lettre par terre –

Il sort.

SUZANNE, *ramasse lentement la lettre et la parcourt machinalement ; sans voix.* Chère Suzanne, la place d'une femme est auprès de son mari –

LA SAGE-FEMME, *entrant avec sa mallette.* Bonjour, madame Figaro ! Vite, une petite ondulation, il faut que je reparte tout de suite – *S'asseyant.* Ça marche, les affaires ?

SUZANNE, *s'occupant d'elle.* Gentiment, merci.

LA SAGE-FEMME. Je n'en peux plus, moi, tout ce travail, cinq accouchements en une semaine, dont deux fois des jumeaux, rien que ça, l'homme le plus costaud ne tiendrait pas ! À ce rythme, notre bonne ville de Grand-Bisbille sera vite une métrople, et mes pauvres boucles, qui sont tout aplaties, avec toutes ces cigognes, une véritable invasion ! Je sors de chez Basile, le boucher, elles ont apporté à sa femme une petite fille, un peu prématurée ; il n'empêche que madame Basile connaîtra bien des joies avec la petite, elle est née sous de bons signes, Mercure en Capricorne.

SUZANNE. Vous êtes versée dans les étoiles ?

LA SAGE-FEMME. Je suis versée en tout.

SUZANNE. Et mai, c'est quoi ?

LA SAGE-FEMME. Mai est régi par Vénus dans le Taureau. De qui s'agit-il ?

SUZANNE. De moi.

LA SAGE-FEMME. Ah bon ! Et votre mari ?

SUZANNE. On n'en sait rien. C'est un enfant trouvé.

LA SAGE-FEMME. Ah ! Les étoiles ne jouent pas le même

rôle chez les seigneurs et maîtres de la création, l'homme change facilement mais reste toujours un gredin, parfois on dirait que l'homme est né sans étoile. Cela fait combien de temps que vous êtes mariée, ma jeune amie ?

SUZANNE. Sept ans.

LA SAGE-FEMME. Déjà ? Ça ne se voit pas.

SUZANNE. Je me suis mariée à dix-huit ans.

LA SAGE-FEMME. Méfiez-vous, le sept c'est un sacré numéro. Dans tous les ménages, tous les sept ans ça se gâte, une fichue règle métaphysique. Pourquoi n'avez-vous pas d'enfant, vous deux ? Vous pourriez vous permettre d'en avoir, le meilleur salon à cent lieues !

SUZANNE. Je voudrais bien, moi. C'est la faute de mon mari.

Un silence.

LA SAGE-FEMME. Vous vivez bien comme mari et femme ?

SUZANNE. C'est rare. J'ai pourtant insisté, je crèverai sans enfant. Mais il ne m'écoute pas. Radicalement pas.

LA SAGE-FEMME. On va s'en occuper, il va voir. Croyez-moi, j'ai connu des cas semblables. Écoutez ma jeune amie, vous allez trouver votre mari et le mener en bateau, voilà tout. Vous affirmez catégoriquement que ses craintes ont malgré tout abouti. Que voulez-vous qu'il réponde ? Rien !

SUZANNE. Vous le connaissez mal.

LA SAGE-FEMME. Que voulez-vous qu'il y fasse ? Un cas de force majeure ! Il se sentira victime d'une mystification de cette chère nature et ne craindra plus rien, puisqu'il n'y aura plus de raison. La solution, c'est-à-dire l'anticipation des conséquences, voilà l'œuf de Colomb ! *Se levant, l'ondulation étant terminée.* Combien je vous dois, ma jeune amie ?

SUZANNE. Je vous serai reconnaissante toute ma vie. Quatre-vingts, s'il vous plaît !

LA SAGE-FEMME, *la réglant.* Nous nous reverrons en septembre. Mars en Balance, félicitations ! Adieu, madame Figaro !

Elle sort.

SUZANNE. Au revoir, madame !

FIGARO, *sortant de son logement en robe de chambre et pantoufles. Encore mal réveillé, il bâille, ôte sa robe de chambre, enfile sa blouse ; contrôlant la caisse.* Un rasage, une ondulation – *À Suzanne.* C'est tout ?

SUZANNE. Oui.

FIGARO. Curieux qu'il n'y ait pas plus de monde à se faire couper les cheveux avant le jour de l'an, ils débarqueront encore tous en même temps, l'après-midi de la Saint-Sylvestre, juste avant l'heure de la fermeture, et on sera obligé d'en renvoyer la moitié à la concurrence – Bon sang de bonsoir ! Un de ces quatre, je mettrai la question sur le tapis à la chambre de commerce, et messieurs les professeurs feraient bien aussi d'expliquer aux parents de ne pas toujours nous amener les enfants le samedi après-midi – à cause d'un chenapan, on est obligé de laisser partir les plus belles barbes, alors que la coupe enfant ne rapporte rien. Qu'est-ce qu'il fiche par terre ce rasoir, là ? *Le ramassant.* Un rasoir sale ! *Lançant à Suzanne un regard réprobateur.* Quel foutoir !

LA SAGE-FEMME, *rentrant à la hâte.* Je n'aurais pas oublié ma mallette ici ? La voilà, Dieu merci !

Elle saisit sa mallette.

FIGARO. Il serait surprenant que quelque chose se perde chez nous, madame !

LA SAGE-FEMME. Une surprise qui me serait revenue cher, et les cigognes seraient restées le bec dans l'eau. À propos de surprises qui reviennent cher : vous savez, monsieur Figaro ?

FIGARO. Quoi donc ?

SUZANNE, *brusquement*. Je ne lui ai encore rien dit.

FIGARO. Je ne comprends pas un traître mot.

SUZANNE, *à Figaro*. Je n'ai pas pu te le dire.

FIGARO. Ce qui signifie ? Il n'y a rien que tu ne puisses dire à ton mari, à n'importe quelle heure du jour et de la nuit. Il n'y a qu'après le déjeuner que je ne souhaite pas être dérangé. *À la sage-femme.* Elle a cassé quelque chose ?

LA SAGE-FEMME, *avec un sourire*. Au contraire, monsieur Figaro ! Une heureuse nouvelle –

FIGARO. Une heureuse nouvelle ?

LA SAGE-FEMME, *à Suzanne*. Allons, du courage ! *À Figaro.* Écoutez –

Elle lui parle en chuchotant.

Figaro ouvre des yeux de plus en plus grands et ne cesse de jeter des regards à Suzanne. Suzanne leur tourne le dos et nettoie, songeuse, le rasoir.

LA SAGE-FEMME. Voilà. *À Suzanne.* Maintenant, c'est dit. *À Figaro ;* Félicitations, félicitations ! Au revoir, ma jeune amie !

Elle sort.

FIGARO, *dévisageant Suzanne, pétrifié ; à voix basse*. Est-ce que c'est vrai ?

SUZANNE, *sans voix*. Oui.

FIGARO. De qui ?

SUZANNE, *se retournant vivement*. De qui, tu demandes ? Tu me crois capable de te faire cocu ?

FIGARO. Non. Évidemment pas. Pourquoi le ferais-tu ? Tu ne manques de rien. Excuse-moi, je suis troublé. Quel malheur !

SUZANNE. Malheur ?

FIGARO. Tu voudrais que j'exulte ?

Un silence.

SUZANNE. Tu es inhumain.

FIGARO. Combien de fois devrai-je te répéter que je ne suis pas inhumain ? J'ai simplement le sens des responsabilités et je suis capable de prédire l'avenir, comme tu sais. Veux-tu que du haut du ciel je voie mourir mon fils à la prochaine guerre ?

SUZANNE. Je crois que, pour le ciel, tu as trop le sens des responsabilités. Tu iras en enfer.

FIGARO. Tu m'en laisseras juge, d'accord ! Si on veut avoir la conscience tranquille, on ne peut pas se permettre, à notre époque, d'avoir des enfants. Tu ne lis donc pas les journaux ? Tous les deux jours un nouveau gaz de combat, des lance-flammes, des rayons mortels. Tout le monde y passera. C'est encore à Grand-Bisbille qu'on tiendra le plus longtemps ; pas de base militaire dans les environs, pas d'aéroport, pas de carrefour important, rien qui vaille la peine d'être détruit. Ils détruiront pourtant même ce qui n'en vaut pas la peine, et les tremblements de terre feront le reste. Nous vivons à une époque de grandes migrations, Suzanne, et jamais personne plus que nous deux aura eu le droit de dire : « Après nous le déluge » ! Mets un enfant au monde, accouche ! Il vivra dans un paysage lunaire, au milieu de cratères et de vapeurs toxiques ! – Il va falloir que je parle à cette brave sage-femme, elle trouvera une issue –

SUZANNE, *explosant*. Parle-lui, vas-y, parle-lui ! Je ne veux plus d'enfant de toi – même si j'en ai un, j'irai me terrer comme une chienne, pour que tu ne saches pas où ton enfant est venu au monde, pour que tu ne lui jettes pas un sort, car tu ne lui souhaites pas la vie – jamais je ne te ferai voir mon enfant ! Voilà tout ce que tu mérites, tu es la mort ! La mort !

LE PROFESSEUR, *entrant*. Une coupe s'il vous plaît ! Bonjour, belle dame ! *Suzanne, en sanglots, regagne en courant le logement. La suivant du regard, interloqué.* Qu'est-ce qu'elle a ?

FIGARO. Des humeurs.

Tableau 4

Grande fête de la Saint-Sylvestre à l'Auberge de la Poste. Suzanne s'est retirée dans une pièce vide. De la salle voisine vient la musique du bal. Au mur, une pendule et une affiche de la tombola de la Saint-Sylvestre. Le garde-forestier entre, venant de la salle. Il est sur son trente et un.

LE GARDE-FORESTIER. Je t'ai cherchée partout, pourquoi rester là, toute seule ? Dans vingt minutes, c'est le nouvel an.

SUZANNE, *sans voix*. On danse ?

LE GARDE-FORESTIER. Non. *Suzanne le regarde avec de grands yeux.* Je voulais justement te dire que je ne peux plus danser avec toi. On nous a espionnés hier après le cinéma. Je viens de l'apprendre. On sait que tu es venue chez moi. Il faut tout nier.

SUZANNE, *sans voix*. Ah bon ?

LE GARDE-FORESTIER. Et ça ne te fait ni chaud ni froid ?

SUZANNE. Je m'en doutais.

LE GARDE-FORESTIER. Tu t'en doutais ?

SUZANNE. J'avais pressenti que nous ne danserions plus – *Se levant.* Il a eu ce qu'il méritait.

LE GARDE-FORESTIER, *dressant l'oreille*. Qui ça ?

SUZANNE. Figaro. Oui, il faut que je le quitte.

LE GARDE-FORESTIER, *aux aguets*. Pour aller où ?

SUZANNE. Loin de Figaro.

Un temps.

LE GARDE-FORESTIER. Voyez-moi ça ! Tu cherches une cause de divorce ? *Suzanne sursaute et le dévisage.* Alors c'est pour le quitter que tu es venue chez moi après le cinéma, et pour rien d'autre ? Tu m'entraînes dans un adultère pour parvenir à tes fins, sans te soucier du reste ? !

SUZANNE, *criant*. Ce n'est pas vrai !

LE GARDE-FORESTIER. Ne crie pas, je te dis ! Si tu continues à me compromettre ici, tu vas voir ce que tu vas voir, tu ne serais pas la première à –

SUZANNE, *l'interrompant ; mais à voix basse.* Tue-moi.

LE GARDE-FORESTIER. Cela te procurerait peut-être du plaisir – *Elle sourit. La secouant.* Reprends-toi, bon Dieu !

Un silence.

SUZANNE, *terriblement froide et nette.* Je suis allée chez vous, parce que vous me plaisiez. *Le garde-forestier la dévisage. Comme ci-dessus.* C'est tout.

LE GARDE-FORESTIER. C'est tout ? Tu ruines mes perspectives de mariage, car quels honnêtes gens confieraient leur fille à un homme impliqué au vu et su de tous dans un adultère – et ce n'est rien ? Je nierai tout ! Tout !

Il entre rapidement dans la salle de bal.

Suzanne, seule, sombre, a le regard fixé dans le vide. Elle sort un petit miroir de son sac à main et se poudre. Figaro vient de la salle, en vieux frac. Suzanne ne lui prête aucune attention.

FIGARO. Viens.

SUZANNE. Non.

FIGARO. Pourquoi non, si je puis me permettre ?

SUZANNE. C'est tout enfumé, là-dedans.

FIGARO. Dans vingt minutes, c'est le nouvel an.

SUZANNE. D'ici là, je serai morte asphyxiée.

Un temps.

FIGARO. Nous devons faire attention aux gens, Suzanne. Gardons du moins les formes.

SUZANNE. Je me fiche de tes formes.

FIGARO. Ne m'énerve pas encore, tu veux ? Les gens chuchotent déjà.

SUZANNE, *le coupant.* Toujours les gens !

FIGARO. Oui, toujours, et à jamais ! Parfaitement !

Un temps.

SUZANNE, *le fixant, le regard plein de haine.* Pourquoi nous disputer ?

FIGARO. Tu le sais bien. Tu sais aussi que je ne veux pas de dispute –

SUZANNE, *le coupant d'un air moqueur.* Tu veux avoir ta petite tranquillité.

FIGARO, *avec un sourire entendu.* Tu as deviné.

SUZANNE, *lentement, avec hargne.* Je vais mettre un terme à notre dispute. Avant-hier je t'ai menti, Figaro. Je n'attends pas d'enfant de toi –

FIGARO, *sursautant.* Comment ? ! Pas d'enfant ? !

SUZANNE. J'ai dit ça comme ça, pour que tu aies enfin pitié de moi. Ce n'était qu'une mystification –

FIGARO. Une mystification ?

SUZANNE. Ta femme voulait te mystifier, pour que toi, homme magnifique, tu la fasses mère. À présent, c'est fini. L'homme avec qui elle voudrait avoir un enfant n'habite pas à Grand-Bisbille.

FIGARO. Je t'en prie !

SUZANNE. Cette nuit j'ai fait un rêve. Il se penchait sur moi, son ombre était immense, trois fois comme le monde. Je l'ai parfaitement reconnu.

FIGARO. Qui ça ?

SUZANNE. Mon grand amour.

Un silence.

FIGARO. Comment s'appelle-t-il ?

SUZANNE. Il est mort.

Un silence.

FIGARO. Qui était-ce ?

SUZANNE. Il s'appelait Figaro.

FIGARO. Figaro ?

SUZANNE. Oui. Mon Figaro était confiant dans l'avenir, même quand l'orage menaçait ; il courait à la fenêtre quand la foudre tombait, alors que toi – tu ne sors pas sans parapluie, même s'il n'y a que des petits nuages !

Mon Figaro a croupi en prison pour avoir écrit la vérité, toi, tu n'oserais pas lire ses écrits, même en cachette ! Mon Figaro fut le premier à dire son fait à un comte Almaviva au sommet de sa puissance. Toi, tu gardes les formes à Grand-Bisbille ! Tu es un petit bourgeois, lui était un citoyen du monde ! Il était un homme, alors que toi...

FIGARO. Tu ne peux pas, après sept ans de mariage, établir sans autre forme de procès si je suis un homme ou non. Pour moi en revanche, il est établi que tu es une menteuse et non une mère, plus femme de chambre que femme d'affaires, toujours à se mirer dans la glace, alors que c'est le foutoir à la boutique, vaniteuse, coquette, geignarde, superficielle –

SUZANNE, *le coupant.* Superficielle ? Tu as dit « superficielle » ? !

FIGARO, *avec un sourire entendu.* Extérieurement et intérieurement, nous savons à quoi nous en tenir.

SUZANNE. Tu l'as peut-être su, aujourd'hui tu as tout oublié.

Le professeur entre, venant de la salle de bal, en compagnie du pâtissier Adalbert et du boucher.

FIGARO, *à Suzanne.* Voilà du monde ! Maîtrise-toi ! *Aux arrivants.* Mes respects, messieurs !

BASILE. Salut, Figaro ! Tu me l'as ratée ma coupe, aujourd'hui !

FIGARO. Pas possible !

ADALBERT. Voilà ce que c'est, quand on a l'esprit ailleurs – *Il foudroie Suzanne du regard.*

FIGARO. Je vais bien entendu réparer votre coupe, monsieur Basile.

BASILE. On peut tout réparer, même les pires accrocs dans un ménage, tout, sauf une coupe ratée ! Il faut d'abord qu'ils repoussent, les cheveux !

Il part d'un rire tonitruant, imité par Adalbert ; seul le professeur garde son sérieux.

FIGARO, *troublé, s'incline devant Basile et se tourne vers Suzanne ; d'une voix retenue.* Tu vas y aller, maintenant ! *À voix haute.* M'accordes-tu cette danse ? *D'une voix retenue.* J'ai même raté ma coupe –

Il accompagne Suzanne dans la salle de bal.

ADALBERT. Bon. Enfin seuls – *Il pose sur la table une bouteille de cognac et trois verres qu'il tenait cachés sous sa redingote.* Ma femme a toujours peur que j'aie une attaque quand je bois une goutte – Moi, j'ai peur que, si elle entrait maintenant, ce ne soit elle qui ait une attaque –

Il a un sourire entendu.

BASILE, *avec un sourire entendu.* Ne parle pas du loup, mon bon, mon vieil ami ! À la santé de qui buvons-nous, messieurs ?

LE PROFESSEUR. De votre petite fille, monsieur Basile !

ADALBERT. Bravo !

Ils boivent.

BASILE. Vous croyez que le coiffeur est déjà au courant ?

ADALBERT. Sûrement pas. Puisqu'il lui parle encore, à sa femme.

BASILE. Moi, si ma femme me faisait cocu, je te la saignerais tout net – mais avec un étranger comme ce barbier, il faut s'attendre à tout ! Sa femme le fait cocu tant et plus, et lui, il l'emmène au bal.

LE PROFESSEUR. Il tient à garder les formes.

BASILE. Les formes, tu parles ! Ces gens-là n'ont aucun sens de l'honneur – Pouah !

LE PROFESSEUR. S'il la saignait, sa chère Suzanne, que ne diriez-vous pas ? Nous autres Grand-Bisbillois, rien ne nous satisfait. Nous aussi, nous avons nos faiblesses.

BASILE. Nous pouvons nous le permettre, l'instit', et nos faiblesses ne regardent personne – Mais un étranger doit être sur ses gardes, s'il veut faire ses choux gras chez nous !

ADALBERT. Je n'arrête pas de le dire, c'est la faute de ces seigneurs les femmes. Elles nous mettent au monde, puis nous font passer dans l'autre. *Joséphine entre, venant de la salle de bal, en compagnie de la sage-femme.* Ciel, mon épouse ! *Il fait mine de ne pas la voir, parle en chuchotant avec Basile et le professeur.*

JOSÉPHINE, *à la sage-femme.* Le voilà, mon adorable mari ! Je ne le quitte pas des yeux, sinon il va encore picoler, il fera son attaque et, moi, j'aurais les pires tracas – Elle commencerait bien, la nouvelle année !

Les messieurs rient bruyamment et se remettent à chuchoter.

LA SAGE-FEMME. Ces messieurs se racontent des plaisanteries.

JOSÉPHINE. C'est mon mari qui raconte, là. Je la connais, sa plaisanterie, il n'en sait qu'une qu'il raconte depuis des lustres. Personne ne rira.

Les messieurs partent d'un rire tonitruant.

LA SAGE-FEMME. Vous ne semblez pas connaître toutes les plaisanteries de votre mari.

JOSÉPHINE *foudroie la sage-femme du regard ; appelant.* Adalbert ! Adalbert !

ALDABERT *soupire ; s'approchant d'elle.* Qu'y a-t-il encore, Joséphine ?

JOSÉPHINE, *avec reproche.* Tu as raconté une plaisanterie et tout le monde a ri –

ADALBERT. Ce n'était pas une plaisanterie ! Nous parlions simplement de madame Figaro !

BASILE, *lançant à Joséphine.* Hier, elle l'a fait cocu, son cher Figaro.

Il rit.

LA SAGE-FEMME, *épouvantée.* Comment ?

ADALBERT. Parfaitement.

BASILE. Après le cinéma.

LA SAGE-FEMME. Ce n'est pas possible.

JOSÉPHINE. Pourquoi ne serait-ce pas possible ? Moi ça ne me surprend pas du tout. Je m'attends à tout avec cette pimbêche, elle a le vice chevillé au corps ! *À Basile.* Avec qui est-ce qu'elle l'a fait cocu ?

ADALBERT. Avec le garde-forestier.

JOSÉPHINE, *intriguée.* Avec ce fringant gaillard ? C'est une honte ! Elle l'a séduit, cette sans-gêne !

LE PROFESSEUR, *se levant, embarrassé.* Elle n'a pas dû faire tant d'efforts que ça pour le séduire –

JOSÉPHINE. Vous connaissez mal les femmes, professeur ! Je le connais très bien, ce garde-forestier, je sais qu'il se comporte à l'égard des femmes avec beaucoup de retenue, un être distingué, humble, d'excellente famille ! Il y a longtemps que je le dis : on n'aurait jamais dû laisser venir ces immigrés, ils ne font que miner notre moralité !

BASILE. Très juste.

JOSÉPHINE. Lui, ça va encore, mais elle – une véritable infection !

BASILE. Lui non plus ne vaut rien ! Il m'a complètement raté ma coupe !

FIGARO *entre, venant de la salle, hors de lui, se maîtrisant pourtant ; à Adalbert.* Monsieur le pâtissier, c'est vous que je cherche. Vous avez affirmé qu'hier ma femme m'a fait cocu –

ALDABERT, *lâchement.* Moi ? Je n'ai rien affirmé du tout !

LA SAGE-FEMME. Évidemment qu'il l'a affirmé –

JOSÉPHINE, *coupant rageusement la parole à la sage-femme.* Vous, je vous en prie, ne vous mêlez pas d'affaires qui ne vous concernent ni d'Ève ni d'Adam ! *À Figaro.* Mon mari n'a jamais rien affirmé du tout, ni hier, ni aujourd'hui, ni demain, compris ? Et si vous lui parlez sur ce ton, vous allez l'énerver, et il la fera, son attaque. Vous pourrez tirer un trait sur notre clientèle !

FIGARO. Je m'en fiche ! Ma femme a été attaquée dans son honneur, j'exige réparation –

BASILE *l'interrompt ; hurlant.* Vous n'avez rien à exiger du tout. Immigré à la manque, vous exigez, vous exigez –

Estimez-vous heureux qu'on vous ait offert l'hospitalité et que vous puissiez rater la coupe de nos cheveux, étranger de mes deux – Si nous n'avions pas été là, vous auriez crevé !

JOSÉPHINE. Très juste ! Et impertinent, par-dessus le marché !

BASILE, *au professeur.* Partons, l'instit' !

LE PROFESSEUR, *avec une agressivité soudaine ; à Basile.* Je ne suis pas votre instit', mais professeur, compris ?

Il entre rapidement dans la salle de bal.

JOSÉPHINE, *à Adalbert.* Viens, Adalbert !

Elle entre avec lui dans la salle de bal.

BASILE. Il me le paiera, l'instit' – *À la sage-femme.* Quant à vous, c'est uniquement parce que vous n'avez pas de concurrence que vous pouvez vous permettre de prendre parti pour ces étrangers ! Vous mériteriez qu'on s'éteigne tous, à Grand-Bisbille !

Il entre dans la salle de bal.

Figaro, pétrifié, a le regard fixé dans le vide.

LA SAGE-FEMME. Monsieur Figaro, ne prêtez pas attention aux gens, ils sont mauvais, je les connais tous. Faites confiance à votre femme, mais vous devez changer de comportement.

FIGARO, *sans voix.* Qu'est-ce qu'il a mon comportement ?

LA SAGE-FEMME. Vous faites fausse route. Elle vous aime beaucoup, vous savez –

LE GARDE-FORESTIER, *entre, venant de la salle de bal.* Monsieur Figaro ! *Figaro se tourne abruptement vers lui.* J'ai eu vent d'un esclandre ici. D'homme à homme : j'ai possédé pas mal de femmes, mais une femme mariée, jamais de la vie ! Ne serait-ce qu'en raison d'un certain sens de la solidarité masculine, je me garderai toujours de ce genre de choses. Je n'ai pas de talent pour les ménages à trois ; j'ai rencontré votre femme par hasard, au cinéma – et c'est tout.

FIGARO. Parole d'honneur ?
LE GARDE-FORESTIER. Absolument.
LA SAGE-FEMME. Eh bien, vous voyez !

Le noir se fait, pour marquer l'année nouvelle, saluée par des hurlements et des cris d'allégresse. Douze coups de gong. Vœux de bonne année. Lorsque la lumière revient, la musique d'une marche enlevée provient de la salle. Figaro et Suzanne, seuls, se font face.

SUZANNE. Bonne année, Figaro !
FIGARO. Bonne année – Suzanne, j'avais un vilain soupçon. Pardonne-moi, je t'en prie.
SUZANNE. Je n'ai rien à te pardonner. Tu es cocu, Figaro.

ACTE III

TABLEAU 1

Six mois plus tard, dans le bureau de la Ligue internationale d'aide aux émigrés. La secrétaire générale, une juriste diplômée, est une célibataire quadragénaire qui fume comme un sapeur. Son visage est gris, comme les nombreux dossiers en suspens qui s'entassent sur des étagères jusqu'au plafond. Elle dicte un appel que sa secrétaire prend en sténo.

LA JURISTE. Où en étais-je ?

LA SECRÉTAIRE. À « humanité ».

LA JURISTE. Ah. Bon. Au nom de l'humanité, la Ligue internationale d'aide aux émigrés, par delà tous les partis, classes, races et confessions, en appelle à ton bon cœur. Soulage le sort cruel des émigrés, auquel ils sont livrés sans défense, car l'émigration détruit tout : foi, amour, espérance – combien d'entre eux se découragent, dérivent, se suicident ! Que tous ceux d'entre vous qui sont trop heureux de posséder encore une patrie et incapables d'imaginer le malheur qu'il y a à la perdre, les aident en apportant leur obole ! Adhère à la Ligue internationale d'aide aux émigrés. À l'aide, à l'aide, à l'aide ! Compte chèque postal numéro – Voilà. Point. Il reste de l'aspirine ?

LA SECRÉTAIRE. Non, mademoiselle.

LA JURISTE. J'ai encore la tête comme un pneu éclaté.

LA SECRÉTAIRE. Vous devriez fumer un peu moins.

LA JURISTE. Sans cigarette, je ne suis pas un homme. Quelqu'un qui attend ?

LA SECRÉTAIRE. Un homme et une femme.

LA JURISTE. Demandeurs d'assistance ?

LA SECRÉTAIRE. Je leur ai déjà dit que nous n'avions rien. Ils ne viennent pas pour demander de l'argent –

LA JURISTE, *la coupant.* Alors faites-les entrer !

La secrétaire sort.

La juriste allume nerveusement une cigarette.

LE COMTE, *entrant avec Suzanne ; s'inclinant légèrement.* Permettez que je me présente : comte Almaviva –

LA JURISTE. Je vous en prie. *Elle leur offre un siège. Ils s'assoient.* C'est à quel sujet ?

LE COMTE. Il s'agit de cette jeune fille, c'est-à-dire de cette jeune femme, cela fait dix ans que je la connais, pour elle je mettrais ma main au feu –

LA JURISTE, *l'interrompant.* Je vous demande pardon, vous êtes qui ?

LE COMTE. Comte Almaviva.

LA JURISTE, *avec un sourire.* Cela ne me dit hélas rien –

LE COMTE, *avec un sourire.* Oh, je vous en prie ! Je me suis habitué à ne plus être rien pour personne – Bref : autrefois, je fus un homme riche, et cette jeune femme était la femme de chambre de mon épouse. Elle a émigré avec nous, puis nous avons dû nous séparer ; après elle a voulu nous rejoindre, mais nous habitions déjà ailleurs – *Avec un sourire, à Suzanne.* Il t'a fallu nous chercher longtemps, n'est-ce pas ? *Suzanne fait oui de la tête. À la juriste.* Oui, nous, évidemment, nous ne pouvons plus entretenir de femme de chambre. Grâce à d'anciennes relations, j'ai réussi à procurer à ma protégée une place pas trop mauvaise. Elle est serveuse, son patron est aussi un émigré, un certain monsieur de Chérubin, qui fut mon page au temps jadis –

LA JURISTE, *s'impatientant.* Eh bien, si votre protégée a trouvé du travail, tout est pour le mieux !

LE COMTE. Erreur ! Erreur grossière, car cette jeune femme est apatride et il lui faut un permis de travail –

LA JURISTE. Ah ! Je connais la chanson. *À Suzanne.* Vous êtes mariée ?

SUZANNE. Divorcée. De corps et de biens.

LA JURISTE. Où vit votre ex-mari ?
SUZANNE. Pas la moindre idée.
LE COMTE. Il l'a quittée.
LA JURISTE. Que fait-il comme métier, votre mari ?
SUZANNE. Ce qu'il fait en ce moment, je n'en sais rien. Il a fait tous les métiers, vous savez.
LE COMTE. Il a été mon valet de chambre autrefois.
SUZANNE. Lorsque nous nous sommes séparés, il était coiffeur à Grand-Bisbille, mais peu après notre séparation il a mis son salon en vente. Les Grand-Bisbillois ne voulaient plus avoir affaire à lui.
LA JURISTE. Pourquoi ?
SUZANNE. On ne peut pas tenir chez eux, quand on est divorcé et étranger.
LA JURISTE. Il vous aide financièrement ?
SUZANNE. Non.
LA JURISTE. C'est lui qui vous a quittée, n'est-ce pas, c'est donc lui la partie fautive ?
SUZANNE. Non, cette partie-là, c'est moi.
Un silence.
LA JURISTE. Vous avez des enfants ?
SUZANNE, *fait non de la tête ; avec un sourire entendu.* Dieu merci.
LA JURISTE. Je vous comprends.
Un silence.
LE COMTE, *à la juriste.* En ce qui concerne son permis de travail –
LA JURISTE, *le coupant.* J'espère, j'espère. Pour une durée limitée, il y a des chances d'en obtenir un.
LE COMTE. Bravo !
LA JURISTE, *repoussant le compliment.* Souvent on ne délivre les permis de travail que pour mieux les retirer – *Tendant un questionnaire à Suzanne.* Remplissez ce formulaire, consciencieusement !
Suzanne s'assoit à une petite table et le remplit.

LE COMTE, *à la juriste.* Je vous demande pardon, j'ai moi aussi une affaire à vous soumettre, me concernant – La Ligue dispose-t-elle d'un service juridique ?

LA JURISTE. Vous avez besoin d'un conseil ?

LE COMTE. Oui.

LA JURISTE. Je suis diplômée en droit. Alors ?

LE COMTE, *jetant un coup d'œil furtif vers Suzanne.* S'il vous plaît parlons à voix basse.

LA JURISTE. Je vous en prie.

LE COMTE. Ces derniers temps, je me suis occupé comme représentant, dans l'immobilier aussi, achat et vente, hélas il a fallu que je joue de malchance – *Il s'arrête, lui tendant des lettres et des papiers.* Tenez, s'il vous plaît, si vous aviez la bonté de –

LA JURISTE, *se plonge dans les papiers, s'arrête, regarde le comte, déconcertée ; à voix très basse.* C'est vous qui avez écrit cela ?

LE COMTE. Oui.

Un silence.

LA JURISTE. Hum. Ça aussi ?

LE COMTE. En effet.

Un silence.

LA JURISTE. Vous avez donc revendu un bien qui ne vous appartenait pas ?

LE COMTE. Je vous demande pardon, je l'ai vendu sur ordre exprès, je n'étais que mandataire, j'avais pour ainsi dire les mains liées –

LA JURISTE, *le coupant.* Les mains liées ou pas, cela n'en demeure pas moins une escroquerie.

LE COMTE. Vous trouvez ?

LA JURISTE. Malversation et escroquerie caractérisée.

LE COMTE. Ah bon ? Mon commanditaire m'a pourtant assuré catégoriquement qu'il n'y avait rien là d'illégal –

LA JURISTE. Allons ! Allons ! Un enfant s'en rendrait compte !

LE COMTE. Il m'a donné sa parole d'honneur.

LA JURISTE. Et vous l'avez cru ?

SUZANNE, *soudain à la juriste.* Je vous demande pardon, faut-il rayer ou souligner ?

LA JURISTE. Comme le cœur vous en dit –

SUZANNE. Alors je raie.

Elle raie.

Un silence.

LA JURISTE, *au comte.* Vous avez un casier judiciaire ?

LE COMTE. Non.

Un silence.

LA JURISTE. Je vous conseille de vous constituer prisonnier.

LE COMTE, *avec un sourire étrange.* À combien faut-il s'attendre ?

LA JURISTE. Hum. Trois ans maximum.

LE COMTE. Trois ans ?

LA JURISTE, *tient un papier dans chaque main, les soupesant.* Nécessité et légèreté : les circonstances aggravantes annulent les circonstances atténuantes.

Un silence.

LE COMTE. Ma femme dit toujours que nous sommes encore sur les bancs de l'école en attendant les grandes vacances – *Levant les yeux.* Professeur, c'est pour quand ?

TABLEAU 2

Le même jour, au pays de la révolution, dans l'ancienne propriété du comte Almaviva, émigré. Devant le portail du château au baroque splendide, Antonio, le vieux jardinier, et Pédrille, l'ancien palefrenier du comte et actuel intendant du château, sont assis au soleil. Le premier fume, le second lit le journal. On est en plein été.

ANTONIO. Qu'est-ce qu'ils disent dans le journal ?

PÉDRILLE. Les choses avancent.

ANTONIO. Où ça ?

PÉDRILLE. Chez nous. Partout dans le monde, ça décline rapidement. Il n'y a que chez nous que ça se redresse.

ANTONIO. Ce serait bien si on en sentait les effets –

PÉDRILLE. Tu es un dangereux râleur. Ma foi, si tu n'étais pas mon beau-père, il y a belle lurette que je t'aurais livré au tribunal révolutionnaire.

ANTONIO. Livre-moi, vas-y, monsieur mon gendre, je suis un vieillard, je n'ai plus longtemps à vivre, je leur dirai pareil, à tes copains du tribunal : les temps de l'époque de Son Excellence le comte Almaviva ne reviendront plus !

PÉDRILLE. Dieu merci !

ANTONIO. C'étaient des temps meilleurs.

PÉDRILLE. Ah bon ? Et les innombrables crimes de ton excellent comte ? Tu ne te rappelles plus les infamies révoltantes que cette excellente canaille a accumulées ? Je te rappelle seulement avec quel brutal égoïsme il a satisfait à ses cyniques droits de seigneur ! Les pauvres filles du peuple étaient du gibier tout trouvé pour ses appétits les plus vils ; même Suzanne, la fiancée de son plus intime valet de chambre, a failli passer à la casserole – si seulement elle y était passée, ç'aurait été bien fait pour Figaro, ce misérable traître à l'idée de peuple, qui aide le comte à franchir la frontière, un comte qui consacrait tout son temps à satisfaire ses instincts bestiaux ! Un vrai sadique !

ANTONIO. Si nous avions été comte toi et moi, je crois que nous aurions satisfait nous aussi à –

PÉDRILLE. Nous n'étions pas comte, non mais ! Tu étais son pauvre jardinier, martyrisé –

ANTONIO, *l'interrompant*. J'étais quoi, moi ? Martyrisé ?

PÉDRILLE. Tu as cultivé les légumes les plus extravagants pour la table si raffinée de la comtesse – Et ta table à toi ? Tu as bouffé du chou à chaque repas !

ANTONIO, *avec un sourire entendu ; mauvais.* Le chou conserve.

PÉDRILLE, *hurlant.* Je n'aime pas le chou, compris ? Ni choux ni navets !

Les enfants passent en courant. Rires et cris. Ils jouent au ballon et Antonio le reçoit en pleine figure.

ANTONIO, *les suivant du regard, en colère.* Sales garnements –

PÉDRILLE. Ce ne sont pas des garnements, ce sont des pupilles du Foyer national pour enfants résidant dans l'ancien château de ton excellent comte, fourre-toi ça dans le crâne ! Là où autrefois le passé fardé se livrait à ses frivolités, grandit aujourd'hui une race future, vigoureuse, joyeuse, libre et bien trempée.

ANTONIO. Ta race future et bien trempée m'a chipé toutes mes pommes l'autre jour –

PÉDRILLE. Tu es un nihiliste vieux et méchant !

ANTONIO, *s'emportant.* Ce n'est pas toi qui vas m'injurier ! Qui tu es, toi ? Il n'y a pas plus idiot comme intendant ! Tu ne vois que le « futur », le « futur » ! Mais que dans les caves moisissent tous ces magnifiques objets d'art, tableaux, meubles, gobelins, ça tu t'en fiches ! J'ai le cœur brisé quand je pense aux caves !

PÉDRILLE. Pour moi, un être vivant vaut plus que tout l'art du monde.

ANTONIO. Dans quels bouquins t'as piqué ça ?

PÉDRILLE. Si j'étais aussi inculte que toi, je mourrais de honte !

FANCHETTE, *accourant dans tous ses états.* Pédrille, Pédrille !

PÉDRILLE. Il y a le feu ou quoi ?

FANCHETTE. Devine qui j'ai vu – J'étais dans le parc, à la fontaine de Neptune –

PÉDRILLE, *l'interrompant.* Il n'y a plus de fontaine de Neptune, il n'y a qu'une fontaine du 23 Vendémiaire, fourre-toi ça dans le crâne !

FANCHETTE. On s'en fiche !

PÉDRILLE. C'est ainsi que parle ma femme – *À Antonio.* Ta fille.

ANTONIO. Va te faire voir !

PÉDRILLE. Je vais où je veux ! *À Fanchette.* Continue !

FANCHETTE. Ne me donne pas d'ordres, je ne suis pas de la Garde nationale, moi ! J'étais donc à la fontaine du 23 Neptune, quand j'ai vu quelqu'un traverser le grand pré. Mon cœur a cessé de battre, un instant je me suis dit : un revenant !

ANTONIO. Un revenant ?

FANCHETTE, *à Antonio.* En plein jour !

PÉDRILLE, *à Fanchette.* Les êtres surnaturels, ça n'existe pas. Continue !

FANCHETTE. C'est un être en chair et en os, d'un naturel qui n'a rien de surnaturel – une vieille connaissance !

PÉDRILLE. Qui ça ?

FANCHETTE. Vous ne me croirez pas –

PÉDRILLE. Parle, à la fin !

FANCHETTE. Figaro.

ANTONIO. Figaro ?

PÉDRILLE. Quoi ? ! Ce misérable émigré ose revenir ? ! Voilà le comble de l'impertinence, l'effronterie faite homme, la provocation la plus éhontée du siècle !

FANCHETTE. Je t'en prie, ne monte pas sur tes grands chevaux.

PÉDRILLE, *la fixant.* Tu n'es pas d'accord peut-être, si je le fais coffrer ?

FANCHETTE. Toujours jaloux ?

PÉDRILLE. D'un émigré ? Pour qui me prends-tu ?

FIGARO, *entre, s'immobilisant.* Ah ! Vous êtes là – *Il sourit. Les trois autres ne sourcillent pas.* Bonjour, Fanchette !

PÉDRILLE, *sinistre.* Bonjour.

FIGARO, *à Pédrille.* Mes respects, comment ça va ?

ANTONIO. Mal.

Un silence.

PÉDRILLE, *féroce.* Nous ne t'attendions pas.

FIGARO, *avec un sourire.* Vous êtes surpris, n'est-ce pas ?

PÉDRILLE, *avec un sourire féroce.* Très agréablement, même – *Avec agressivité, à Figaro.* La racaille d'émigrés, on a bien besoin de ça !

Un silence.

FIGARO, *soudain.* Au revoir !

Il va sortir.

PÉDRILLE. Halte ! Tu sais ce qui t'attend ?

FIGARO, *avec un sourire.* Il n'y a pas grand-chose qui puisse m'attendre.

PÉDRILLE. Tiens, tiens !

FIGARO. En fait, je ne suis parti qu'à cause de ma femme, je suis un émigré par amour –

Il a un sourire entendu.

PÉDRILLE. L'amour est un problème privé de l'anarchie individuelle, et tout ce qui est individuel, nous, politiquement parlant, on s'en contrefiche.

FANCHETTE. Où est Suzanne ?

FIGARO. Pas la moindre idée.

FANCHETTE, *interloquée.* Comment ça ?

FIGARO. Nous sommes divorcés.

FANCHETTE. Divorcés ? !

FIGARO. De corps et de biens. Depuis six mois.

FANCHETTE. Tu l'as trompée ?

FIGARO. Au contraire ! Et inversement.

FANCHETTE, *médusée.* C'est elle qui t'a – ?

FIGARO. Oui.

PÉDRILLE *lance un regard rapide à Fanchette ; avec un sourire féroce à Figaro.* En voilà une bonne !

FANCHETTE, *pour elle.* Pauvre Suzanne.

PÉDRILLE. Avec qui est-ce qu'elle t'a fait cocu ? *Lançant de nouveau un regard à Fanchette.* Avec le comte ?

FIGARO, *avec un sourire*. Non, avec le plus commun des mortels –

PÉDRILLE. Il n'existe pas de mortels plus ou moins communs, fourre-toi ça dans le crâne, monsieur l'émigré ! Il n'existe rien que des mortels, un point c'est tout !

FIGARO. Une idée fort belle, mais hélas vieillotte.

PÉDRILLE, *interloqué*. Vieillotte ?

FIGARO. Depuis votre glorieuse révolution, il y a eu à ce jour, aux quatre coins du monde, vingt-six autres bouleversements politiques plus ou moins glorieux. On privilégie à nouveau la thèse qu'il existe deux sortes de mortels. Mais console-toi, je suis persuadé que dans quelques années tu seras de nouveau à la mode. Pour quelques années.

PÉDRILLE, *le fixant*. J'ai comme l'impression qu'on voudrait philosopher ? C'est interdit ! Si chaque étranger se mettait à réfléchir ici – eh bien, mon vieux ! Quel embrouillamini sociologique ça ferait !

FIGARO, *le fixant*. Qui ça, « étranger » ? Je ne suis pas un étranger, tu entends ! Je suis un enfant trouvé, il est vrai ; j'ignore si je suis né ici, mais je sais que j'ai été trouvé ici –

PÉDRILLE. Hélas !

FIGARO. Que tu le regrettes ou non, je suis ici chez moi, tout comme les arbres, les prés, l'eau, l'air, c'est compris ? !

PÉDRILLE, *menaçant*. Ne t'avise pas de crier avec moi. Un émigré reste un étranger et il n'a pas de chez-soi, car il l'a trahi.

FIGARO. Je n'ai pas trahi, imbécile ! Je me souviens d'un certain Pédrille, le palefrenier du comte, qui sans un certain Figaro, serait toujours valet d'écurie ! Qui t'a donné le premier livre où il était marqué noir sur blanc qu'un esclave ne devait pas rester obligatoirement esclave pour l'éternité ? ! Qui t'a appris à faire la révolution ? Moi, un certain Figaro !

PÉDRILLE, *avec agressivité.* Sans un certain Figaro, le comte ne m'aurait pas filé entre les doigts – Qui l'a aidé à franchir la frontière ? Toi ! Traître ! Si je ne respectais pas tant la discipline révolutionnaire, je t'en allongerais une !

FANCHETTE. Arrêtez, à la fin !

PÉDRILLE, *à Fanchette.* Ne te mêle pas de ça, il va y avoir un malheur, sinon !

FIGARO, *à Pédrille.* Qu'est-ce qu'il t'a fait, le comte ?

PÉDRILLE. Il a violé ma femme.

FIGARO, *interloqué.* Violé ?

Il interroge Fanchette du regard. Fanchette a un sourire gêné et lui fait signe à la dérobée que cela n'a pas été si terrible que ça.

PÉDRILLE. Si je l'avais attrapé, le comte, je lui en aurais fait voir de toutes les couleurs – *Donnant des coups dans le vide.* Tiens, tiens ça – *Foudroyant Figaro du regard.* Et maintenant je m'en vais chercher la garde.

Il sort.

FANCHETTE, *à Figaro.* Sauve-toi, je t'en prie, sauve-toi ! Mon mari ne plaisante pas, crois-moi, tu ne sais pas la haine dont il est capable !

ANTONIO. C'est une bête féroce –

FANCHETTE, *avec agressivité, à Antonio.* Ne le traite pas toujours de bête, papa ! Même Pédrille a ses bons côtés, il croit à notre idéal. *À Figaro.* Figaro, je t'en supplie, au nom de notre ancienne amitié, sauve-toi ! Il te fera mettre en prison et tu y laisseras la tête !

FIGARO. La tête ! L'époque où une tête ne comptait pour rien est révolue. Aujourd'hui, les petites têtes pas bêtes sont de nouveau en vogue et les sentences capitales sont prononcées pour ne pas être mises à exécution. Les « décapités » remplissent la bourse et filent des tuyaux crevés au bourreau – *Avec un sourire.* Non, Fanchette : Figaro reste. Il a quitté Grand-Bisbille pour prendre le chemin de Damas. Mais à Damas aussi, apparemment, il n'habite que des Grand-Bisbillois, il n'y a que la couleur qui change –

PÉDRILLE *entre avec la garde ; à Figaro.* Au nom du peuple ! Figaro, je t'arrête !

FIGARO. Un instant ! *Au brigadier.* Avant de vous donner la peine de me mettre aux fers, je vous conseille de jeter un petit coup d'œil sur ce parchemin – *Remettant un parchemin au brigadier.* Je voudrais t'épargner le ridicule que je réserve à – *Désignant Pédrille.* celui-là !

PÉDRILLE, *interloqué.* Ce qui signifie ?

Le brigadier lit le parchemin et ouvre de grands yeux.

FIGARO, *à Pédrille.* Je t'aurais épargné ça si tu n'avais pas été assez idiot pour manquer à ce point de reconnaissance – *Au brigadier.* Brigadier, avez-vous déchiffré ce parchemin ?

LE BRIGADIER. À vos ordres ! *À la garde.* À mon commandement ! Garde-à-vous ! Présentez arme ! Regard à gauche, gauche !

La garde présente les armes à Figaro.

PÉDRILLE, *hors de lui.* Qu'est-ce que c'est que ça ? Vous présentez les armes ? !

LE BRIGADIER, *à Pédrille.* Silence !

PÉDRILLE. « Silence ? » Je deviens fou ou quoi ?

FIGARO, *à Pédrille.* Un instant ! C'est fini, Pédrille. Noir sur blanc – *Lui remettant le parchemin.* Tu es mis à la retraite.

PÉDRILLE, *abasourdi.* À la retraite ?

FANCHETTE. Qui ça ? !

PÉDRILLE. Moi ? !

FIGARO. Oui.

ANTONIO, *à part.* Ce n'est pas trop tôt !

FANCHETTE, *à Pédrille.* Donne-moi ça –

Elle lui arrache le parchemin des mains et le lit à toute vitesse avec lui.

FIGARO, *au brigadier.* Merci, brigadier !

LE BRIGADIER, *à la garde.* Regard droit ! Reposez arme ! Repos !

PÉDRILLE *en a terminé avec le parchemin ; s'écriant.* Quoi ? Alors là, je deviens fou pour de bon – C'est toi, le nouvel intendant ?

FIGARO, *à Fanchette, qui le regarde bouche bée.* Ma petite Fanchette, un Figaro passe plus facilement par le trou d'une aiguille qu'un chameau – *À Pédrille.* Fourre-toi ça dans le crâne, dromadaire ! Il y a trois semaines que je suis au pays, je me suis mis à la disposition des nouveaux maîtres, je leur ai tout confessé et ils m'ont pardonné mes péchés d'émigration, bien que je ne fusse pas particulièrement contrit. *Avec un sourire entendu.* Eh oui, la révolution s'est « humanisée », la corruption a triomphé, c'est le règne du piston, une base favorable pour des natures indépendantes à la recherche d'un second souffle –

PÉDRILLE. Ce sont de telles natures qui réussissent !

FIGARO. Tu ferais mieux de ne pas parler de nature, toi !

PÉDRILLE. Quels crimes ai-je commis pour me faire jeter si vite ? ! Est-ce que je serais trop révolutionnaire ? !

FIGARO. Peut-être. *À voix très basse, pour que la garde n'entende pas.* En plus, tu t'es trompé dans les comptes.

PÉDRILLE. Comment ça, trompé ?

FIGARO. Tu avais quarante-huit enfants trouvés à ta charge, au foyer, or tu as constamment lu ce nombre de droite à gauche : quatre-vingt-quatre. Tu ne le dois qu'à moi si on ne t'a pas arrêté sur-le-champ, mon beau seigneur.

FANCHETTE, *à Pédrille.* Tu vois, j'ai toujours dit que ça finirait par se savoir.

PÉDRILLE. Toi, tais-toi. Qui a acheté le piano à crédit ? Moi ou toi ?

FANCHETTE. Et qui a éclusé les traites au troquet ? Toi ou moi ?

FIGARO. Ne vous chamaillez pas, braves gens, vous n'avez fait que ce que tout le monde fait, jusque dans les plus hautes sphères. Ah, si je pouvais parler !

ANTONIO, *à part.* Je pourrais parler, moi, mais je m'en garderai bien !

FIGARO, *au brigadier.* Faites sonner le rassemblement !

LE BRIGADIER, *au trompette.* Sonnez !

Le trompette sonne le rassemblement. De tous côtés accourent les enfants, les enseignants et le personnel du foyer.

LES ENFANTS. Qu'est-ce qu'il y a ? Qu'est-ce qui se passe ?

ANTONIO, *aux enfants.* Le père Noël nous a apporté un nouvel intendant, là – *Montrant avec un sourire entendu Figaro qui se tient en haut des quelques marches du portail ; sarcastique.* Vivat ! Vivat ! Vivat !

TOUS, *sauf Fanchette et Pédrille.* Vivat ! Vivat ! Vivat !

FIGARO. Mes chers enfants ! C'est avec une profonde émotion que je vous remercie de votre accueil bouleversant. Ne voyez pas en moi seulement le nouvel intendant, découvrez en moi votre ami ! Comme vous, je suis un enfant trouvé, un enfant du peuple. De mon temps, toutefois, il n'existait pas de foyer, j'ai dû me frayer mon chemin avec mes propres ailes. Pour un morceau de pain dur et sec, j'ai souvent employé en un seul jour plus de jugeote que le gouvernement tout entier, celui de l'époque, que nous avons balayé depuis, Dieu merci.

TOUS, *sauf Fanchette et Pédrille, poussant des cris de joie.* Bravo ! Bravo ! Hourra ! Hourra !

FIGARO. Je rends hommage à mon honorable prédécesseur et le remercie du plus profond de mon cœur ! En vérité, il ne sera pas bien sorcier de poursuivre la construction de l'édifice dont ce brave a jeté les bases. Épuisé par l'effort surhumain, il se repose à présent, ce héros vertueux de notre majestueuse idéologie. Mes chers enfants, prenez pour modèle flamboyant ce noble cœur ! Je fais vœu de poursuivre, fidèle à son esprit, votre éducation morale et physique, je veux vous guider sur le chemin ardu de l'abnégation, je veux tremper votre volonté, afin que vous soyez à même un jour de tout sacrifier, votre sang et vos biens, la famille, les amis, l'amour, au profit de l'intérêt général, pour lequel aucun sacrifice, même l'ultime, ne pourrait, ne devrait et ne saurait être assez grand ! – Eh bien, allez à présent ; en l'honneur de cet instant historique, vous n'avez pas classe ! *Les enfants sortent en poussant de retentissants cris de joie ; s'adressant au brigadier.* Je rends hommage à la vaillante garde, qui, à tout instant, accomplit avec loyauté son difficile devoir. Merci, brigadier ! *Le brigadier salue et sort avec la garde ; aux enseignants.* Je rends hommage aux honorables éducateurs de notre bien le plus précieux, aux protecteurs et formateurs de la jeunesse ! Ne l'oubliez pas, dès l'enfance, il faut leur enfoncer cette idée : chacun consent au sacrifice, ou alors tout perd son sens. Ainsi, par l'esprit, élève-t-on l'individu dans l'amour-propre en le faisant se croire important et du même coup récolte-t-on les fruits de son sacrifice. Voilà la réponse pédagogique à un problème d'économie national. Nous serions tous plus heureux si nous étions capables de nous dire que nous ne devons pas forcément aller mieux mais que nous pourrions aller plus mal. Je vous remercie, messieurs ! En vérité, ce jour est le plus beau jour de ma vie.

LES ENSEIGNANTS. Bravo ! Bravo ! Bravo !

Ils sortent.

FIGARO, *à Pédrille.* Eh bien, macchabée politique, cette oraison funèbre dont je t'ai gratifié, impressionnante, n'est-ce pas ?

PÉDRILLE. Va te faire pendre ! C'est un scandale ! Compter quelques enfants en plus, ça ne devrait pas peser lourd à côté des mérites d'un vieux héros de l'intérêt général. Je vais émigrer, ma foi !

ANTONIO. Au troquet.

PÉDRILLE. Plutôt me pinter à mort que faire le macchabée en politique.

Il sort.

FIGARO. Pourquoi ce silence, Fanchette ?

FANCHETTE. Ce n'est rien.

ANTONIO. Tu as mal au cœur ?

FANCHETTE. Non, je suis écœurée, c'est tout. – *À Figaro.* Que tu mentes, je le savais bien, nous mentons tous. Mais que tu puisses mentir à ce point aux enfants –

ANTONIO, *la coupant.* Pourquoi pas ? Ils sont notre « avenir ». Les enfants deviendront hommes –

Il a un sourire entendu.

FANCHETTE. Oui, des hommes comme vous ! Merci bien !

ANTONIO. Allons ! allons ! Je suis ton père tout de même !

FANCHETTE, *à Figaro.* On voit que tu n'as pas d'enfants, tu ne pourrais pas les aimer – Moi, j'en ai deux. Et quand je pense que leur sort sera un jour entre les mains de menteurs comme toi – je ne te les montrerais même pas ! Ta Suzanne a eu raison de te faire cocu !

FIGARO, *la dévisageant.* Tu trouves ?

ANTONIO, *à Fanchette.* Suffit, ces histoires de bonnes femmes !

FIGARO, *à Antonio.* Laisse-la ! *À Fanchette.* Vas-y, continue !

FANCHETTE, *le coupant.* Même si tu voulais m'en empêcher, je continuerais à parler ! Tu es corrompu jusqu'à la moelle ! Tu n'as pas honte ? !

FIGARO. Tu n'as pas saisi l'essentiel. Depuis que ma femme m'a fait cocu et plus généralement depuis Grand-Bisbille, je me suis rendu à l'évidence que rien n'est autant haï ni méprisé dans ce monde qu'un homme honnête et débrouillard. Une seule solution : il faut choisir. L'honnêteté ou la débrouillardise. Moi, j'ai choisi. Nous vivons une histoire où l'Histoire est plus importante que l'homme, hélas. Une seule chose est au-delà de toute corruption –

ANTONIO, *avec un sourire entendu.* C'est la grande énigme ?

FIGARO. Oui, une énigme. Qu'est-ce que c'est ? On la cherche toujours, on ne la trouve jamais, pourtant on ne cesse de la perdre – *Antonio hausse les épaules ; à Fanchette.* Allons, à toi je dirai la solution, mais à toi seulement, parce que tu m'as parlé si méchamment –

Il sourit et lui dévoile la solution en chuchotant, lui adresse un signe de tête amical et sort.

ANTONIO, *surpris, le suivant du regard.* Qu'est-ce qu'il a dit ?

FANCHETTE. Je n'ai pas compris.

ANTONIO. On cherche toujours, on ne trouve jamais, pourtant on ne cesse de perdre – Qu'est-ce que c'est ?

FANCHETTE. Ce serait l'humanité, à ce qu'il dit.

TABLEAU 3

Un an plus tard, de nouveau à l'étranger, dans le cabaret de Chérubin, bar de nuit des émigrés. Un comptoir, un piano et des boxes. Au fond, l'entrée ; à droite une porte menant à la cuisine. C'est le soir, mais le cabaret est encore désert. La serveuse, Suzanne, pose des fleurs et des verres sur les tables. Entre un client, qu'on pourrait croire de Grand-Bisbille. Lumière tamisée.

LE CLIENT, *ne s'asseyant pas.* J'ai l'impression d'être assez seul ici.

SUZANNE. C'est un cabaret de nuit, monsieur, nous n'ouvrons pas avant dix heures.

LE CLIENT. C'est plus tard que ça s'anime ici ?

SUZANNE. Oui, après minuit.

Un silence.

LE CLIENT, *regardant longuement Suzanne.* Êtes-vous une princesse ?

SUZANNE. Moi ?

LE CLIENT. Je me suis laissé dire que dans les bars d'émigrés tout le monde est aristocrate. Le patron est duc, le pianiste baron et la serveuse rien moins qu'une altesse –

Il a un sourire entendu.

Chérubin surgit, sans que le client ni Suzanne ne le remarquent. C'est un monsieur assez jeune, dodu, au visage rose et mollement brutal ; il tend l'oreille.

SUZANNE, *avec un sourire.* Je ne suis pas princesse.

LE CLIENT. Quoi alors ?

SUZANNE. Rien.

Un silence.

LE CLIENT. C'est triste, triste. Bon, je reviendrai peut-être après minuit. Au revoir, belle mademoiselle de rien !

Il sort.

SUZANNE. Au revoir, monsieur, au revoir !

CHÉRUBIN, *s'avançant.* Suzanne.

SUZANNE, *tressaillant.* Monsieur ?

CHÉRUBIN. Combien de fois te l'ai-je répété : à quelqu'un qui te prend pour une princesse, il faut faire plaisir, lui répondre « oui » ou au moins lui sourire de manière équivoque ; le but de la vie n'est pas de priver les braves gens de leurs illusions ni de ruiner notre chiffre d'affaires – *Avec un sourire.* À propos d'illusions : j'ai bricolé aujourd'hui une nouvelle chanson, en piochant à droite et à gauche, elle parle d'un grand amour qui n'est pas payé de retour. Tu n'aurais pas une idée pour le titre ?

SUZANNE. Je ne fais pas de poésie, monsieur de Chérubin.

CHÉRUBIN. Que penses-tu de *Suzanne*, comme titre ?

SUZANNE, *avec un sourire.* Ce n'est pas un titre.

CHÉRUBIN. Qui sait ? Elle fera peut-être le tour du monde –

Il s'installe au piano.

SUZANNE. Si elle s'appelle *Suzanne*, sûrement pas.

CHÉRUBIN. Nous verrons ! *Il joue et chante d'une voix doucereuse.*

Ah Suzanne mon amour,
Ah Suzanne pour toujours,
Je m'envole dans tes bras,
Le bonheur ici-bas.
Le printemps m'avertit
Que mon cœur se languit,
Que mon sang est malade
De cette longue débandade.
Ah Suzanne mon amour,
Je me meurs pour toujours,
Tu me fis tant de peines,
Mille mercis tout de même –

SUZANNE. Jolie mélodie.

CHÉRUBIN. C'est tout ?

Un silence.

SUZANNE. Je suis désolée, monsieur de Chérubin, je vous prierais de ne plus donner mon nom à vos compositions.

CHÉRUBIN. Tu sais ce que tu es ?

SUZANNE. Oui. Ingrate.

CHÉRUBIN. Allons !

SUZANNE. Sans vous, je serais morte de faim.

CHÉRUBIN. Allons donc !

SUZANNE. Si, si !

Un silence.

CHÉRUBIN, *la fixant amicalement.* Incorrigible –

SUZANNE. Je ne me remarierai jamais.

CHÉRUBIN. C'était si terrible que ça ?

SUZANNE. Arrêtez, je suis une dépravée – je remercie les personnes que je méprise, celles que j'estime me paraissent bizarres et c'en est fait aussitôt.

CHÉRUBIN. Ce sentiment ne m'est pas étranger, mais j'en suis venu à bout avec l'émigration. J'étais un grand noceur, avant – *S'arrêtant net.* Dis donc, depuis combien de temps sommes-nous loin de chez nous ?

SUZANNE, *avec un sourire.* Deux cents ans.

CHÉRUBIN, *avec un sourire entendu.* Minimum.

Un silence.

SUZANNE. Savez-vous quel jour nous sommes ? C'est aujourd'hui qu'il sort.

CHÉRUBIN. Qui ça ?

SUZANNE. Le comte. Il y a un an, jour pour jour, qu'on l'a condamné, en dernière instance.

Un silence.

CHÉRUBIN. Il viendra ici ?

SUZANNE. Je l'attends d'un moment à l'autre.

Un silence.

CHÉRUBIN. Veux-tu me répondre en toute franchise ?

SUZANNE. Si je peux, volontiers.

CHÉRUBIN, *lentement.* Est-ce qu'il y a eu quelque chose entre vous, le comte et toi ?

SUZANNE. Entre nous ? Quelle idée.

CHÉRUBIN. Il était toujours après toi, avant même ton mariage avec Figaro –

SUZANNE. Vous savez pourtant qu'il ne s'est rien passé, à l'époque. Tout le monde le sait.

CHÉRUBIN. Et à présent ? Avec l'émigration ?

SUZANNE. À présent, encore moins. Tout ce que le comte a fait pour moi, comme par exemple de me recommander à vous, il l'a fait par pure humanité.

CHÉRUBIN. Un mot rare.

SUZANNE. C'est pourtant la vérité.

Un silence.

CHÉRUBIN. Est-il vrai que la comtesse est morte de chagrin à cause de ta liaison avec le comte ?

SUZANNE, *agressive.* Qui a dit ça ? C'est de la calomnie, c'est infâme ! La pauvre comtesse, morte à cause de moi ? ! Écoutez : je vous le jure, par tout ce qu'il y a encore de sacré pour moi, la pauvre comtesse est morte d'une grippe ; qu'elle entre par cette porte, la bouche ouverte, et qu'elle m'emporte, je vous jure qu'il n'y a jamais rien eu entre le comte et moi, jamais, jamais, jamais, car j'en aime un autre, un homme qui m'a anéantie, qui ne m'a pas faite mère et que je hais comme la peste !

CHÉRUBIN. Figaro ?

SUZANNE. Oui. La dernière des ordures sur terre.

Le noir se fait, le piano joue Suzanne, *la chanson de Chérubin, reprise et fredonnée par plusieurs personnes. Lorsque la lumière revient, il y a de l'animation dans le cabaret. Un pianiste joue et chante la chanson, les clients la fredonnent avec lui, parmi eux le client de tout à l'heure qui est revenu et est assis au comptoir.*

SUZANNE, *à Chérubin, debout derrière le comptoir.* Il a mangé ?

CHÉRUBIN. Il est toujours à la cuisine.

LE CLIENT, *à Suzanne.* Qui est à la cuisine ?

SUZANNE. Une vague connaissance –

Elle le plante là et va servir.

LE CLIENT, *la suivant des yeux ; à Chérubin.* Vous voyez la coquine qu'elle fait ?

CHÉRUBIN, *avec un sourire.* C'est une princesse, mais il ne lui plaît pas de le dire, parce qu'elle a honte.

Un temps.

LE CLIENT, *soudain ivre.* Qui est à la cuisine ?

CHÉRUBIN. Personne.

LE CLIENT. Ne vous moquez pas de moi, monsieur !

CHÉRUBIN. À la cuisine, il n'y a que le personnel, monsieur, et un mendiant !

LE CLIENT. Si c'est un mendiant, apportez-lui ce cognac – *Désignant son verre plein.* Et que ça saute, je vous prie !

CHÉRUBIN. Comme il vous plaira –

Il rentre, féroce, dans la cuisine, avec le verre.

LE CLIENT, *appelant Suzanne.* Hé, princesse, qui est à la cuisine ? Un prince ?

Il a un sourire entendu.

SUZANNE. Oui.

Elle lui tourne le dos.

LE COMMISSAIRE, *entre ; à Suzanne.* Je peux parler au patron ? Police.

SUZANNE, *tressaillant.* Tout de suite ! *Elle court à la porte de la cuisine ; appelant.* Monsieur de Chérubin ! *Chérubin surgit. Désignant le commissaire.* Ce monsieur voudrait vous parler – *À voix basse.* La police –

Elle lance un regard inquiet en direction de la cuisine.

CHÉRUBIN, *au commissaire.* Commissaire ?

LE COMMISSAIRE. Voilà de quoi il s'agit : vous employez une serveuse apatride dont le permis de travail est périmé depuis quatre semaines –

SUZANNE, *l'interrompant, soulagée.* Ah, il ne s'agit que de moi ?

LE COMMISSAIRE, *la toisant.* Oui, que de vous – *Se tournant de nouveau vers Chérubin.* Elle doit immédiatement quitter son emploi, sinon elle tombe sous le coup de la loi et vous, monsieur, vous finirez par perdre votre licence.

CHÉRUBIN. Je ne peux pas mettre cette demoiselle à la rue –

LE COMMISSAIRE, *l'interrompant.* Je suis désolé ! *Le comte surgit à la porte de la cuisine, le verre de cognac vide à la main. Il est devenu une épave, mais il a gardé des traces de son élégance passée ; ne supportant plus l'alcool, un verre a suffi à lui brouiller l'esprit.* Je ne fais que mon devoir, et l'individu, hélas, ne compte pas. La loi, c'est la loi.

LE COMTE, *qui tendait l'oreille.* La loi ?

CHÉRUBIN, *au comte.* Silence, s'il vous plaît !

LE COMTE. Je n'entends parler que de loi.

LE COMMISSAIRE, *au comte.* Ne vous mêlez pas d'un acte de justice !

LE COMTE. Vos actes de justice, je les connais, et vos lois, il faudrait s'en mêler pour de bon – Il serait plus que temps !

LE CLIENT. Bravo, prince !

LE COMMISSAIRE, *au comte.* Fermez-la !

LE COMTE. Je ne la fermerai pas, compris ? On n'a pas idée !

CHÉRUBIN, *au commissaire.* Il a bu, le pauvre vieux –

LE COMMISSAIRE. Je l'espère, dans son intérêt.

LE COMTE, *avec agressivité, au commissaire.* Dans mon intérêt, vous n'avez rien à espérer, je vous l'interdis ! Et j'ai bu seulement un verre, je tiens l'alcool aussi bien qu'avant, aussi bien, compris ? Je vais vous dire mon opinion, moi –

LE COMMISSAIRE, *l'interrompant.* Vous allez garder vos opinions pour vous !

LE COMTE. Je les dirai –

Il s'arrête, fait tomber son verre, serre la main sur son cœur et chancelle.

SUZANNE. Pour l'amour de Dieu, monsieur le comte !

LE COMTE, *balbutiant.* Je dirai mon opinion à tout le monde, même au professeur là-haut –

Il s'effondre sur une chaise.

Suzanne s'occupe de lui.

Les clients quittent le cabaret.

LE COMMISSAIRE, *à Chérubin.* C'est quoi ? Un comte ?

CHÉRUBIN. Comte Almaviva.

Le commissaire s'approche du comte et lui tâte le pouls.

SUZANNE. Il est mort ?

LE COMMISSAIRE. Pas le moins du monde. C'est l'alcool, rien d'autre – *Il se saisit du portefeuille du comte, fouille dans ses papiers, déconcerté ; à voix basse.* Matricule quatre-vingt-sept. Libéré le –

LE COMTE, *revenant à lui.* Où est mon chapeau ?

CHÉRUBIN. Dans la cuisine.

SUZANNE. Je vais le chercher –

Elle sort en direction de la cuisine.

LE COMMISSAIRE, *au comte.* Vous allez pouvoir partir, simple vérification d'identité –

Il désigne le portefeuille.

LE COMTE, *reconnaissant son portefeuille.* Ah bon.

Un silence.

LE COMMISSAIRE, *lui rendant le portefeuille.* Tout est en règle.

LE COMTE. Vous avez vu le château ?

LE COMMISSAIRE, *interloqué.* Quel château ?

LE COMTE. Mon château. Tenez – *Il tire quelques photographies de son portefeuille ; les montrant au commissaire.* C'était le parc, il s'étendait jusqu'à la forêt. Et voilà des photos de famille, ma femme et ainsi de suite –

Il sourit.

LE COMMISSAIRE. Moi, à votre place, je rentrerais chez moi tout de suite.

LE COMTE, *avec un sourire entendu.* Où ça ?

LE COMMISSAIRE. Au fait : où habitez-vous ?

LE COMTE. Vous connaissez l'hôtel de l'Esplanade ? Et le Carlton ? Je connais, moi, je connais – Mes respects, monsieur le commissaire ! Bonne nuit !

Il sort.

SUZANNE, *venant de la cuisine, entre avec le chapeau du comte ; regardant autour d'elle, interloquée.* Où est-il ?

CHÉRUBIN. Parti.

SUZANNE, *inquiète.* Sans son chapeau ?

LE COMMISSAIRE. Les ivrognes ne se font jamais mal.

CHÉRUBIN. Un seul verre –

LE COMMISSAIRE. Il ne tient plus l'alcool, voilà tout.

CHÉRUBIN. Eh oui, une tragédie.

LE COMMISSAIRE. Hum – *À Suzanne.* Mademoiselle, passez demain au commissariat. Si le bon Dieu le veut, votre permis sera prorogé – Bonne nuit !

Il sort.

CHÉRUBIN. Mes respects, commissaire !

Un silence.

SUZANNE. Je n'irai pas au commissariat.

CHÉRUBIN. Tu es folle ?

SUZANNE. Je me fiche de mon permis de travail.

CHÉRUBIN. De quoi vivras-tu ?

SUZANNE. Je vais répondre à une lettre.

CHÉRUBIN. Quelle lettre ?

SUZANNE. Une lettre que je promène avec moi depuis deux semaines. J'aimerais bien savoir comment il a découvert mon adresse –

CHÉRUBIN, *à l'affût.* Qui ça ?

SUZANNE, *ignorant la question.* Il m'a écrit de retourner auprès de lui. Qu'il est très seul –

Elle a un sourire entendu.

CHÉRUBIN. Qui ça ?

SUZANNE. Figaro.

Un silence.

CHÉRUBIN. Qu'est-ce qu'il devient ?

SUZANNE. Il est intendant du château. Il a des remords.

TABLEAU 4

En pleine forêt, à la frontière. Suzanne et le comte franchissent clandestinement la frontière pour rentrer chez eux. On n'entend que leurs voix, c'est une nuit d'encre.

LE COMTE. Où es-tu ?

SUZANNE. Ici.

LE COMTE. Je n'y vois goutte.

SUZANNE. C'est la nuit la plus noire de ma vie.

Elle pousse un petit cri.

LE COMTE. Qu'est-ce qui se passe ?

SUZANNE. J'ai posé le pied dans quelque chose de mou.

La lune, blafarde, perce les nuages et l'on découvre Suzanne et le comte qui rentrent chez eux.

LE COMTE. Nous allons vers la pleine lune – comme autrefois. J'ai quitté le pays de mes pères, pour ne pas me faire massacrer ; me voici qui rentre, par cette même forêt, pour ne pas me faire remettre en prison. Nécessité n'a point de loi – *Avec un sourire.* Aujourd'hui je ne me demande plus quels crimes j'ai commis pour devoir franchir clandestinement la frontière –

SUZANNE. Vous n'avez commis aucun crime, monsieur le comte !

LE COMTE. Oh ! Je me suis trompé. « Dans deux mois tout sera terminé » – Figaro avait raison. *Regardant autour de lui.* Sommes-nous passés de l'autre côté ?

SUZANNE. Je me rappelle chaque clairière. À droite le lac, à gauche le ravin, le pire est derrière nous.

LE COMTE. Qu'est-ce que tu espères, pour m'emmener avec toi ?

SUZANNE, *interloquée.* Comment ça ?

LE COMTE. Penses-tu que ça se passera comme si de rien n'était, quand je réapparaîtrai chez nous ?

SUZANNE. Nous avons déjà discuté de tout cela, monsieur le comte. Nous allons trouver Figaro en cachette, et lui demander où en est la situation –

LE COMTE, *la coupant.* Tu lui as écrit que nous arrivions ?

SUZANNE. Non, il n'en sait encore rien. J'ai voulu lui écrire, mais je n'ai pas pu, j'ai déchiré ma lettre à chaque fois. Il faut que je lui parle de vive voix.

Un silence.

LE COMTE. C'est intendant qu'il est devenu, n'est-ce pas ?

SUZANNE. Vous le savez bien, monsieur le comte !

LE COMTE. Et moi, qu'est-ce que je suis devenu ? –

Il a un sourire entendu.

SUZANNE. Monsieur le comte, je vois une lumière là-bas.

LE COMTE, *sans regarder.* Je ne vois rien.

SUZANNE. Venez –

LE COMTE, *l'interrompant.* Non. Il ressemble à un lit, l'arbre qui est couché là-bas. Oui, à gauche il y avait le lit, à droite le canapé. Elle dormait sur le canapé, il était trop court pour moi – *Levant les yeux.* Tu dors mieux maintenant ?

Un silence.

SUZANNE, *levant les yeux.* Il pleut.

Le vent commence à souffler, faiblement d'abord.

LE COMTE. Suzanne, c'est toi qu'il a appelée, moi, personne ne m'appelle. Je reste.

SUZANNE. Ici ?

LE COMTE. Je n'ai jamais vraiment su pourquoi je t'ai suivie. Maintenant c'est évident, je voulais dormir chez moi – Oui, il était trop court le canapé –

SUZANNE, *proche des larmes.* Monsieur le comte, ne compliquez pas encore la situation ! Qu'est-ce que vous voulez faire dans cette forêt ?

LE COMTE, *désignant le tronc de l'arbre.* Voilà mon lit.

Gros coup de vent. La lune disparaît derrière des nuages, il fait de nouveau une nuit d'encre, on entend seulement la voix de Suzanne, s'éloignant de plus en plus et s'estompant dans la tempête.

SUZANNE. Monsieur le comte ! Où êtes-vous ? Mais répondez ! Monsieur le comte ! Monsieur le comte !

Un silence.

À nouveau la lune perce les nuages et l'on voit le comte, seul.

Le comte ôte son manteau et vérifie la solidité de sa ceinture, tout en fredonnant Suzanne, *la chanson de Chérubin.*

UNE VOIX. Halte-là ! *Le comte tressaille et tend l'oreille.* Où allez-vous ?

Le comte regarde fixement dans la forêt et garde le silence.

LE BRIGADIER, *s'avançant.* Vos papiers !

LE COMTE, *avec un sourire étrange.* Comment ?

LE BRIGADIER. Vos papiers, passeport ou équivalent !

LE COMTE, *avec un sourire entendu.* Qu'est-ce que c'est ?

LE BRIGADIER. Cessez vos plaisanteries stupides. Qui êtes-vous ?

LE COMTE. Moi ?

LE BRIGADIER, *s'impatientant.* Qui d'autre.

LE COMTE, *lentement.* Je suis le comte Almaviva.

LE BRIGADIER. Almaviva ?

LE COMTE, *avec un sourire.* Oui.

Le brigadier le dévisage, décontenancé, se reprend et siffle l'alarme. Le garde surgit.

LE BRIGADIER, *au comte.* Au nom du peuple, je vous arrête !

TABLEAU 5

De nouveau dans l'ancienne propriété du comte Almaviva. Fanchette est assise devant le portail et raccommode le pantalon de son mari. C'est une chaude matinée d'automne.

FANCHETTE, *chantant pour elle seule.*

Le printemps m'avertit
Que mon cœur se languit,
Que mon sang est malade –

Figaro surgit devant le portail, s'immobilise et tend l'oreille.

Ah Suzanne mon amour,
Ah Suzanne pour toujours,
Je m'envole dans tes bras,
Le bonheur ici-bas –

À cet instant seulement elle remarque Figaro et se tait soudain.

FIGARO. Qu'est-ce que c'est, cette chanson avec Suzanne ?

FANCHETTE. Tu ne la connais pas ? C'est la chanson à la mode, en quelques jours elle a fait le tour du monde.

FIGARO. Ah bon ? J'ai l'impression que ces fadaises sont plus contagieuses que la poésie révolutionnaire. Le facteur est passé ?

FANCHETTE. Oui. Tiens –

Elle lui donne quelques lettres.

FIGARO, *regardant longuement les lettres.* C'est tout ?

FANCHETTE, *le fixant.* Qu'est-ce que tu attends, au juste ?

FIGARO. Une lettre. Affaire privée.

FANCHETTE, *légèrement ironique, étendant sur ses genoux le pantalon de son mari.* Une affaire privée, toi ? Pas possible, tu ne vis que pour le château et les enfants.

FIGARO, *la coupant.* Dis, tu crois que les enfants m'aiment ?

FANCHETTE. Cette question idiote, toujours ! Les enfants, tu es leur Dieu ; pour toi, ils iraient voler, piller, assassiner –

FIGARO, *avec un sourire.* Tu penses ? *Regardant autour de lui.* Le facteur repasse quand ?

FANCHETTE. Demain c'est férié.

FIGARO. Hum.

Il va entrer au château.

LE BRIGADIER, *entrant rapidement par la droite ; saluant.* Bonjour, monsieur l'intendant.

FIGARO. Bonjour brigadier ! Rien à signaler ?

LE BRIGADIER. Une arrestation d'importance. Un homme. Il a franchi la frontière clandestinement, nous l'avons trouvé près du ravin. Il prétend être le comte Almaviva.

FIGARO, *le coupant.* Quoi ? !

FANCHETTE. Almaviva ? Pour l'amour du ciel !

FIGARO. Où est-il ?

LE BRIGADIER. Nous l'avons enfermé dans la cave.

FIGARO. Allons-y ! Venez, brigadier !

Il sort rapidement avec lui par la droite.

PÉDRILLE, *entrant par la gauche, dans tous ses états.* Hé

Fanchette ! Tu sais qui est revenu ? Je viens de l'apprendre au troquet – Le comte Almaviva, cet excellent vicelard est ici ! Je vais lui dire deux mots, moi, à ce cynique qui a violé ma femme –

FANCHETTE, *le coupant.* Mon pauvre ami, ne t'occupe plus de politique, tu veux.

PÉDRILLE. Un viol, c'est pas de la politique, non mais ?

Un silence.

FANCHETTE, *lentement.* Pédrille, il faut que je te dise quelque chose, mais il ne faut pas que tu me méprises.

PÉDRILLE. Je ne méprise même pas un ver de terre, tu sais bien.

FANCHETTE. J'ai peur. Si tu remets sur le tapis tout ce que le comte m'a fait, ça ne fera que des tracas –

PÉDRILLE. Le droit est le droit et doit le rester ; on ne viole pas impunément, pas ici, nous n'en sommes pas encore là.

FANCHETTE. Pédrille. Je t'ai menti.

PÉDRILLE, *déconcerté.* Que veux-tu dire ?

FANCHETTE, *lentement.* Je veux dire qu'il n'est pas question d'un véritable viol –

PÉDRILLE. Pas question ? Mais ?

FANCHETTE, *avec un sourire mal assuré.* Mais –

Un silence.

PÉDRILLE, *la fixant.* Tu as simplement fait de moi un véritable cocu.

FANCHETTE. Ne te fâche pas, s'il te plaît –

PÉDRILLE. Tu voudrais peut-être que je me réjouisse du fait qu'il ne t'a pas violée ? C'est un monde qui s'écroule en moi, des montagnes de théories, et toute notion de droit ! Je l'ai toujours dit, il n'y a que le troquet de vrai.

Un silence.

FANCHETTE. Qu'est-ce que tu vas faire ?

PÉDRILLE. Pas me pendre, en tout cas.

FANCHETTE, *lentement.* Tu veux divorcer ?

PÉDRILLE, *avec agressivité.* Tu veux me faire encore plus de tracas ? Pas question de divorcer, ne serait-ce qu'à cause de nos enfants. Mais à partir d'aujourd'hui, après cet aveu, tu n'as radicalement plus à me dire quand et pour combien de temps j'ai le droit d'aller au troquet, compris ?

Il la plante là et sort par la gauche.

FANCHETTE, *seule, le suivant des yeux.* Tu ne m'aimes plus –

Elle entre dans le château.

FIGARO, *entrant par la droite en compagnie du brigadier, suivi de deux enfants, un plus grand et un plus petit ; au brigadier.* C'est dit ! J'assume l'entière responsabilité.

LE BRIGADIER. D'accord, monsieur l'intendant, cependant –

FIGARO, *l'interrompant.* Il n'y a pas de « cependant » qui tienne ! Un ordre est un ordre.

LE BRIGADIER. À vos ordres, monsieur l'intendant !

Il salue et sort par la gauche.

Figaro va entrer dans le château.

LE PLUS GRAND. Monsieur l'intendant !

FIGARO, *s'immobilisant.* Qu'y a-t-il ?

LE PLUS GRAND. Le comte Almaviva sera fusillé sur-le-champ, pas vrai ?

FIGARO. Qui a dit ça ?

LE PLUS GRAND. Moi.

FIGARO, *le regardant avec sérieux.* Tiens donc.

LE PLUS GRAND. Oui, c'est un criminel politique.

LE PLUS PETIT, *au plus grand.* Non, il ne fera fas fusillé, il fera condamné à une feine de frison à ferféfuité.

FIGARO, *féroce.* Et fourquoi ferait-il condamné à ferféfuité ?

LE PLUS PETIT. Farce que la frison à ferféfuité est une feine encore flus lourde, f'est le maître qui l'a dit.

FIGARO. Ah bon ? *À part.* Un de ces quatre, je vais lui

administrer une fetite lefon particulière en humour, à fe maître ! – *Aux enfants.* Écoutez, vous deux, juges en rase-mottes ! Premièrement, allez casser des vitres plutôt que de parler politique ! Deuxièmement : le comte Almaviva n'est pas un criminel –

LE PLUS GRAND, *l'interrompant.* Il est comte pourtant !

FIGARO. Tu as déjà été comte, toi ?

LE PLUS GRAND, *interdit.* Non.

FIGARO. Tu vois ! De quoi tu parles alors ? Je vous préviens, si vous rencontrez le comte Almaviva, il faut le saluer correctement, être poli et gentil, car c'est un homme âgé, et vous, vous n'êtes que des chenapans. S'il a commis des crimes, il ne vous a pas attendus pour être châtié. Et plus généralement : pourquoi voulez-vous fusiller un homme et le mettre en prison sans autre forme de procès ? Que vous a-t-il fait, à toi, à toi ? Vous n'avez pas honte ? Prenez garde. Quand vous serez vieux, on stipulera peut-être que tout enfant trouvé est un criminel et que seuls existent des comtes ; les comtes mettront les enfants trouvés en prison et les fusilleront – Allez, allez casser des vitres, maintenant, et que ça saute ! *Les enfant sortent en silence. Suzanne entre par la gauche. L'apercevant.* Suzanne ! *Il la dévisage. Suzanne le regarde et reste silencieuse. Figaro, troublé, se passant la main sur les yeux.* Pourquoi n'as-tu pas répondu à ma lettre ?

SUZANNE, *ne pouvant s'empêcher de sourire.* J'aurais dû écrire ?

FIGARO. Qu'est-ce que je dis? Excuse-moi, je suis troublé – Je ne réalise pas encore que tu es là, devant moi. Depuis des semaines et des semaines, j'attends cette lettre –

SUZANNE, *s'approchant de lui.* Veux-tu que je te la lise, cette lettre ? *Figaro fait signe que oui ; le regardant droit dans les yeux.* « Cher Figaro, je te remercie pour ta lettre et me réjouis qu'en ce qui concerne notre divorce, tu te considères comme une des parties fautives, mais je ne crois pas que tu veuilles tout réparer, car tu es la dernière des ordures ; je ne retournerai pas auprès de toi, mon cher Figaro, car ce qui a été un jour divorcé, doit rester divorcé, nous ne sommes pas faits l'un pour l'autre. Ne m'écris plus, je ne veux jamais te revoir, je te hais et te méprise. Salutations. Suzanne – »

Elle se jette dans ses bras, il l'étreint ; ils échangent un long baiser. À proximité, on entend une vitre voler en éclats. Suzanne et Figaro dressent l'oreille. Une autre vitre vole en éclats.

ANTONIO, *entrant rapidement par la gauche.* Figaro, ces garnements sont en train de casser les vitres, je vais leur frotter les oreilles !

FIGARO. Calme-toi. Je leur ai permis de casser les vitres –

ANTONIO. Tu leur as permis ?

Une autre vitre vole en éclats.

FIGARO. Je le leur ai permis à condition qu'ils ne parlent pas politique.

ANTONIO. C'en est trop.

Une autre vitre vole en éclats.

FIGARO. Là, c'en est vraiment trop ! *À Antonio.* Et alors – *Désignant Suzanne.* Qu'est-ce que tu dis de mon courrier ?

ANTONIO. On s'est déjà salués.

Le comte surgit devant le portrail, il a l'air soigné mais très fatigué.

ANTONIO. Ciel, monsieur le comte.

LE COMTE, *avec un sourire.* Ah, mon bon vieil Antonio, toujours en vie ?

ANTONIO. Plus pour longtemps, monsieur le comte, plus pour longtemps !

LE COMTE. Ça, de toute façon – *Regardant soudain vers la gauche.* Hé là, il manque le grand sapin là-bas !

ANTONIO. C'est la foudre qui l'a frappé.

LE COMTE. Me voilà rassuré. Je craignais que vous ne l'ayez

abattu – *Il sourit, regardant autour de lui.* Oui, les bancs sont toujours à l'ombre des arbres, les arbres toujours à leur place, et les prés, eux aussi sont restés au pays – Figaro !

FIGARO, *s'avançant vers lui.* Monsieur le comte désire ?

LE COMTE. Suis-je libre pour de bon ?

FIGARO. Bien sûr, monsieur le comte.

LE COMTE. Et je pourrai à nouveau occuper ma chambre ?

FIGARO. Bien sûr, monsieur le comte.

LE COMTE. Hum. C'en est fini, de la révolution ?

FIGARO. Bien au contraire, monsieur le comte, c'est maintenant que la révolution triomphe ; puisqu'elle n'a plus besoin de jeter dans des caves des gens qui, comme vous, étaient ses ennemis, mais qui en vérité n'ont jamais rien fait contre elle.

SUZANNE. Figaro !

Elle se précipite vers lui et l'étreint. Et, de nouveau, une vitre vole en éclats.

FIN

VARIANTE

Quelques temps après, de nouveau dans l'ancienne propriété à la campagne du comte Almaviva. Figaro et l'ensemble des enfants trouvés sont assis autour d'une longue table dressée et mangent. Il est midi, Fanchette apporte les plats ; Carlos, César et Maurizio sont trois garçons trouvés âgés de treize, douze et huit ans, Elvira et Rosine deux filles trouvées âgées de treize ans. Le vieil Antonio, assis à l'écart, sur une caisse, est en train de bricoler une radio vieillote, puis il met le casque et écoute la musique d'un émetteur étranger en battant la mesure par moments.

FIGARO. La fourchette à gauche, le couteau à droite ! *À Carlos.* Hé là, ce petit pain est à Rosine ! Ne te goinfre pas comme ça ! *Un temps.*

ROSINE. Tonton Figaro, c'est vrai que tu as été marié autrefois ?

FIGARO, *interloqué.* Moi ? Oui.

ROSINE, *à Carlos.* Lalalaire ! C'est qui qui a raison !

FIGARO. Comment ça, lalalaire ? En quoi cela vous regarde-t-il que j'ai été marié ou non ? *Un temps. À Rosine.* D'où tu sais ça, toi ?

ROSINE. De tata Fanchette.

FIGARO, *à Fanchette.* Voyez-vous ça ! Ma vie privée n'est pas une matière d'instruction, souviens-t'en, je te prie... *À Maurizio.* Ôte tes doigts de l'assiette ! *Un temps. Dressant l'oreille.* Qui est-ce qui fait tant de bruit en mangeant ?

CARLOS. C'est moi.

FIGARO. Arrête ça, tu veux. Un futur Führer ne fait pas de bruit en mangeant.

ELVIRA. Tonton Figaro, où elle est, ta femme, maintenant ?

FIGARO. Cela ne te regarde pas. Ne sois pas si insolente !

Elvira pleure.

FANCHETTE, *la console ; à Figaro.* Elle n'a fait que poser une question, cette enfant.

FIGARO. Un enfant n'a pas à poser ce genre de question... *À Maurizio.* Ôte tes doigts de ton nez !

Un temps.

ELVIRA, *calmée ; avec malice.* C'est vrai que ta femme, elle était si méchante ?

FIGARO, *interloqué.* Méchante ?

ELVIRA. Oui. L'autre jour, Fanchette s'est disputée avec tonton Pédrille et il a dit qu'elle était aussi méchante que ta femme...

FIGARO, *à Fanchette.* Je vous en supplie, ne vous querellez plus devant les enfants !

FANCHETTE. C'est pas moi qui commence.

ELVIRA, *à Figaro.* Tonton Pédrille, il a dit aussi qu'il était aussi innocent que toi...

FIGARO, *la coupant, furieux.* Ah bon ? Il est bien placé pour le savoir, celui-là.

Un temps.

ROSINE. Tonton Figaro, je n'y crois pas.

FIGARO. À quoi donc ?

ROSINE. Que tu es innocent.

FIGARO, *interloqué.* Pourquoi ça ? Pourquoi ?

ROSINE, *impertinente.* Parce que tu n'en as pas l'air.

FIGARO. Qu'est-ce que ça veut dire ? Et de quoi ai-je l'air ? Regarde-toi toi-même, ma chère, avant de me regarder, moi... Quelle impertinence !

Un temps.

CARLOS. Monsieur l'intendant...

FIGARO. Eh bien ?

CARLOS, *farceur, hypocrite.* J'y crois, moi.

FIGARO. À quoi ?

CARLOS. Que vous êtes complètement innocent... *Il ne peut*

s'empêcher de rire tout d'un coup, tous les enfants rient avec lui, rient de Figaro.

FIGARO, *regarde autour de lui, un peu perplexe, son regard tombe sur Fanchette qui cherche à réprimer son rire sans y parvenir ; il ne peut s'empêcher de sourire lui aussi ; aux enfants.* Vous ne perdez rien pour attendre ! Je vais vous montrer, moi, qui c'est, l'innocent, ici, bande de voyous...

ANTONIO, *engueulant subitement les enfants.* Silence !

Les enfants se taisent.

FIGARO, *à Antonio.* Toi, tais-toi ! *Aux enfants, en se levant.* Bon, le repas est terminé ! Debout ! La prière maintenant !

LES ENFANTS, *se levant ; en chœur.* À mort tous nos ennemis, extermination !

ROSINE, *montrant César.* Tonton Figaro, il n'a pas prié, lui, j'ai parfaitement entendu !

FIGARO. Parfaitement ? Allez ouste, déguerpissez ! *À César.* Toi, tu restes.

Les enfants, hormis César, partent en courant et en hurlant.

Fanchette débarrasse la table.

À César. Pourquoi n'as-tu pas prié ?

CÉSAR. Parce que je n'ai pas d'ennemis.

FIGARO. Tu crois ça ?

CÉSAR. Je ne veux pas avoir d'ennemis.

Un silence.

FIGARO. Si quelqu'un te flanque un coup, tu lui rends le coup quand même ?

CÉSAR. Non.

FIGARO. Et pourquoi non ?

CÉSAR. Parce que personne ne me flanque de coup si je ne le veux pas.

FIGARO, *souriant.* Tu es philosophe...

CÉSAR. C'est quoi « philosophe » ?

FIGARO. Il est interdit de philosopher.

Un silence.

CÉSAR. L'autre jour, quelqu'un m'a flanqué un coup, c'est vrai...

FIGARO. Et alors ?

CÉSAR. Je ne le lui ai pas rendu.

FIGARO, *ricanant*. Parce qu'il était trop grand pour toi, c'est ça ?

CÉSAR. Non. Parce qu'il était trop petit pour moi.

Un silence.

FIGARO. Viens un peu par ici, toi. Plus près. *César obéit.* Comment t'appelles-tu, en fait ?

CÉSAR. César.

Un silence.

FIGARO. Tu es nouveau ici ?

CÉSAR. Non.

FIGARO. Curieux que je ne me souvienne pas de toi...

CÉSAR. Nous nous voyons chaque jour.

Un silence.

FIGARO. Hum. Bon, eh bien au revoir, mon cher César...

César sort.

ANTONIO. Figaro, je viens d'entendre les nouvelles diffusées à l'étranger ! Bon sang de bonsoir, on dégringole, nous autres !

FIGARO. On dégringole ? *Lançant un regard dans la direction où César a disparu.* Au contraire, on remonte !

ANTONIO, *interloqué*. On remonte ? !

FIGARO. Depuis ce garçon qui ne rend pas les coups à plus petit que lui, je vois à nouveau le but de la révolution... ce but qui ces derniers temps n'était plus pour moi qu'une cible pour des plaisanteries et des remarques plus ou moins spirituelles sans autre effet que de blesser ou de ridiculiser d'honnêtes gens et par là même, de les éloigner de moi... Eh oui, si moi, à l'époque, une quelconque révolution m'avait apporté un foyer d'enfants, j'aurais peut-être évolué plus avantageusement...

ANTONIO, *avec malice*. C'est quoi comme but, ton but ?

FIGARO. Je ne te le dirai pas.

ANTONIO. C'est la grande énigme, hein ?

FIGARO. Une énigme, oui. Qu'est-ce que c'est : on la cherche toujours, on ne la trouve jamais, et pourtant on ne cesse de la perdre... *Antonio hausse les épaules. À Fanchette.* Allons, à toi je te la dirai, la solution, mais seulement parce qu'un jour tu m'as demandé si je n'avais pas honte... *Il sourit et lui dit en chuchotant la solution, lui adresse un signe amical de la tête et sort.*

ANTONIO, *le suit du regard avec étonnement*. Qu'est-ce qu'il a dit ?

FANCHETTE. Je n'ai pas compris.

ANTONIO. Ce qu'on cherche toujours, qu'on ne trouve jamais, et que pourtant on ne cesse de perdre... qu'est-ce que c'est ?

FANCHETTE. Il a dit que c'était l'humanité.

FIN DU TROISIÈME ACTE

divorce conséquence directe
de la révolution

Dès 1933 se trouvent dans les carnets un projet intitulé : *Figaro II* et des esquisses de tableaux sous le titre : *Le Mariage de Figaro à notre époque*, tendant plutôt vers une comédie policière que vers la continuation de la pièce de Beaumarchais, comme certains parallèles avec *Coup de tête* et avec *Un village sans hommes* le démontrent. La version primitive en trois actes et treize tableaux, terminée en 1936, fut créée à Prague en avril 1937 dans une version réduite à neuf tableaux, retranchant notamment les tableaux 3 de l'acte I, 4 de l'acte II et 1 de l'acte III. Cette version fut publiée pour la première fois en 1959, la version primitive en 1974.

– Grand-Bisbille : *Grosshadersdorf*, de *Hader* = querelle, discorde.

– L'assassinat du roi : allusion probable aux actualités cinématographiques relatant l'assassinat du roi Alexandre Ier de Yougoslavie, à Marseille, le 9 octobre 1934.

– Traité commercial : allusion au traité du 21 février 1934 entre l'Allemagne et la Hongrie.

– « De palier en palier » : titre du premier film de fiction autrichien (1908) et d'un roman d'Anna Meyenberg paru à Berlin en 1922.

– « Jeudi, c'est la Saint-Sylvestre » : correspond à l'année 1936.

– L'Auberge de la Poste : établissement à Murnau que Horváth aimait fréquenter.

– « Mercure en Capricorne » : définition astrologique d'un être ambitieux, habile, adroit, au contact facile et au talent de négociateur.

– « Vénus dans le Taureau » : grands penchants artistiques, forte relation tellurienne, sensualité, réalisme.

– « Mars en Balance » : Mars garantit une naissance sans problèmes.

– « À notre époque » : l'année 1935 était marquée par les préparatifs de guerre et le rétablissement du service militaire. Le 3 octobre 1935, les troupes de Mussolini attaquèrent l'Éthiopie, utilisant massivement le gaz moutarde. Et le 18 juillet 1936 commença la guerre civile en Espagne.

– « Après nous le déluge » : expression attribuée à la marquise de Pompadour après la bataille de Rossbach en 1757 (victoire de Frédéric II sur les Français).

– Apatride : édictée en même temps que la « Loi sur la protection du sang et de l'honneur allemands », la « Loi sur la citoyenneté du Reich » (15 septembre 1935, Nuremberg) stipulait que seul est citoyen du Reich celui qui « prouve par son comportement qu'il a la volonté et l'aptitude à servir fidèlement le peuple et le Reich allemands ».

– Éducation morale et physique : tout ce discours de Figaro parodie les principes pédagogiques propagés par Hitler, dans *Mein Kampf*.

ÖDÖN VON HORVÁTH ET L'ARCHE

Théâtre complet

Tome 1

UN ÉPILOGUE
DOSA
MEURTRE DANS LA RUE DES MAURES
LE FUNICULAIRE
L'INSTITUTRICE
Traduction d'Henri Christophe
LE BELVÉDÈRE
Traduction de Bernard Kreiss, avec la collaboration d'Henri Christophe

Tome 2

LE CONGRÈS
Traduction d'André Gunthert
SLADEK, SOLDAT DE L'ARMÉE NOIRE
L'HEURE DE L'AMOUR
LA JOURNÉE D'UN JEUNE HOMME DE 1930
NUIT ITALIENNE
ELISABETH, BEAUTÉ DE THURINGE
CONTE FÉÉRIQUE ORIGINAL
Traduction d'Henri Christophe

Tome 3

LÉGENDES DE LA FORÊT VIENNOISE
Traduction de Sylvie Muller, avec la collaboration d'Henri Christophe
UN HOMME D'AFFAIRES ROYAL
VERS LES CIEUX. FRAGMENT
CASIMIR ET CAROLINE

MAGASIN DU BONHEUR
Traduction d'Henri Christophe

Tome 4

FOI AMOUR ESPÉRANCE
L'INCONNUE DE LA SEINE
ALLERS-RETOURS
VERS LES CIEUX
Traduction d'Henri Christophe

Tome 5

L'HISTOIRE D'UN HOMME (N) QUI GRÂCE À SON ARGENT PEUT – PRESQUE – TOUT
COUP DE TÊTE
FIGARO DIVORCE
DON JUAN REVIENT DE GUERRE
UN DON JUAN DE NOTRE TEMPS
Traduction d'Henri Christophe

Tome 6

LE JUGEMENT DERNIER
UN VILLAGE SANS HOMMES
UN BAL CHEZ LES ESCLAVES
POMPEI
C'EST LE PRINTEMPS !
Traduction d'Henri Christophe, Bernard Lortholary et Jean-Yves Masson

En édition séparée

CASIMIR ET CAROLINE
Traduction d'Hélène Mauler et René Zahnd

DON JUAN REVIENT DE LA GUERRE
Traduction d'Hélène Mauler et René Zahnd

FIGARO DIVORCE
Traduction d'Henri Christophe et Louis Le Goeffic

FOI, AMOUR ET ESPÉRANCE
Traduction d'Hélène Mauler et René Zahnd

LÉGENDES DE LA FORÊT VIENNOISE
Traduction d'Hélène Mauler et René Zahnd

Ce livre est imprimé sur un papier sans chlore
et résistant au vieillissement,
fabriqué selon un usage responsable de la forêt.

ACHEVÉ D'IMPRIMER EN AVRIL 2016
DANS LES ATELIERS DE NORMANDIE ROTO IMPRESSION S.A.S.
À LONRAI (ORNE)
N° D'IMPRESSION : 1601518
DÉPÔT LÉGAL : NOVEMBRE 2008

IMPRIMÉ EN FRANCE